AF554372

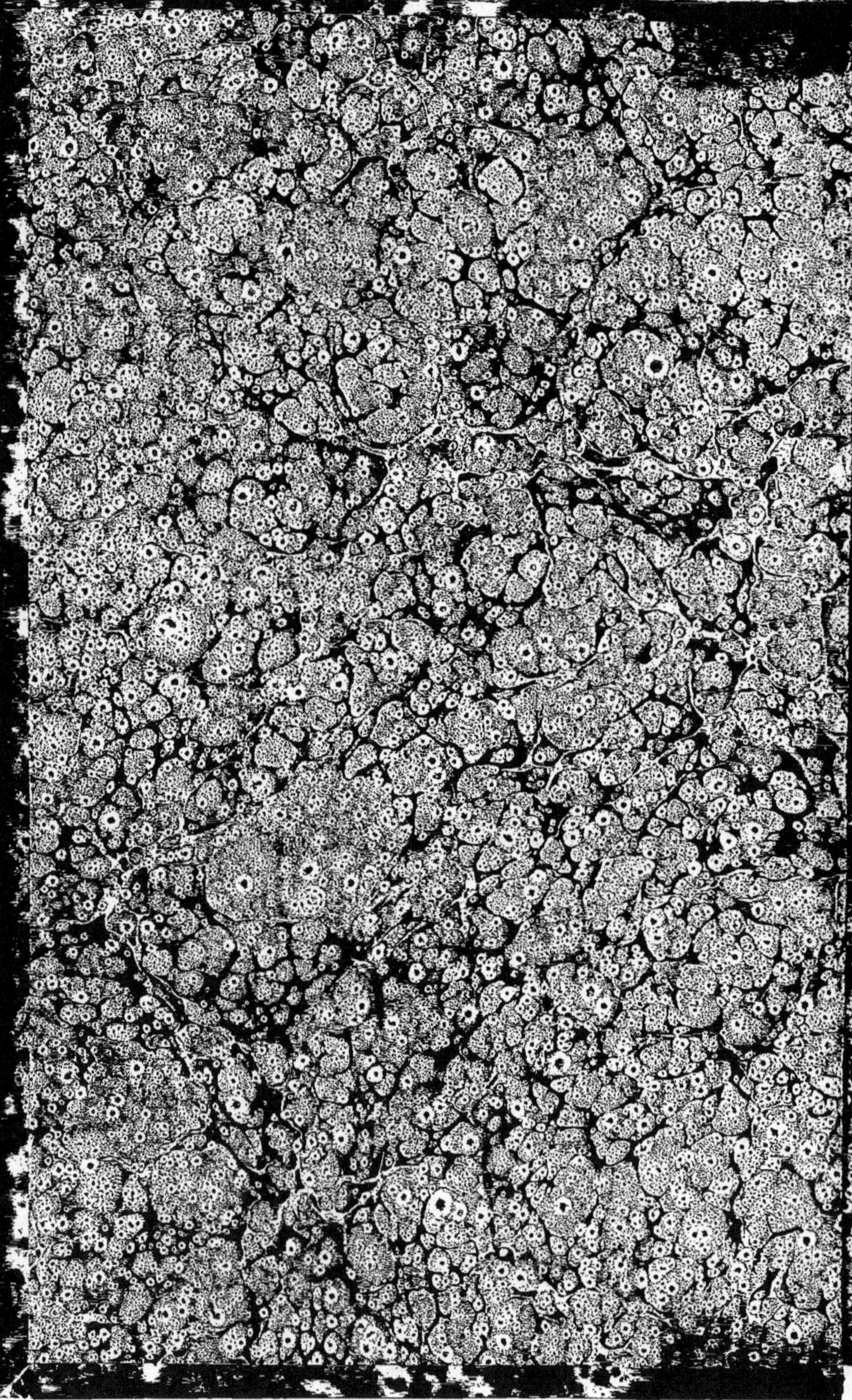

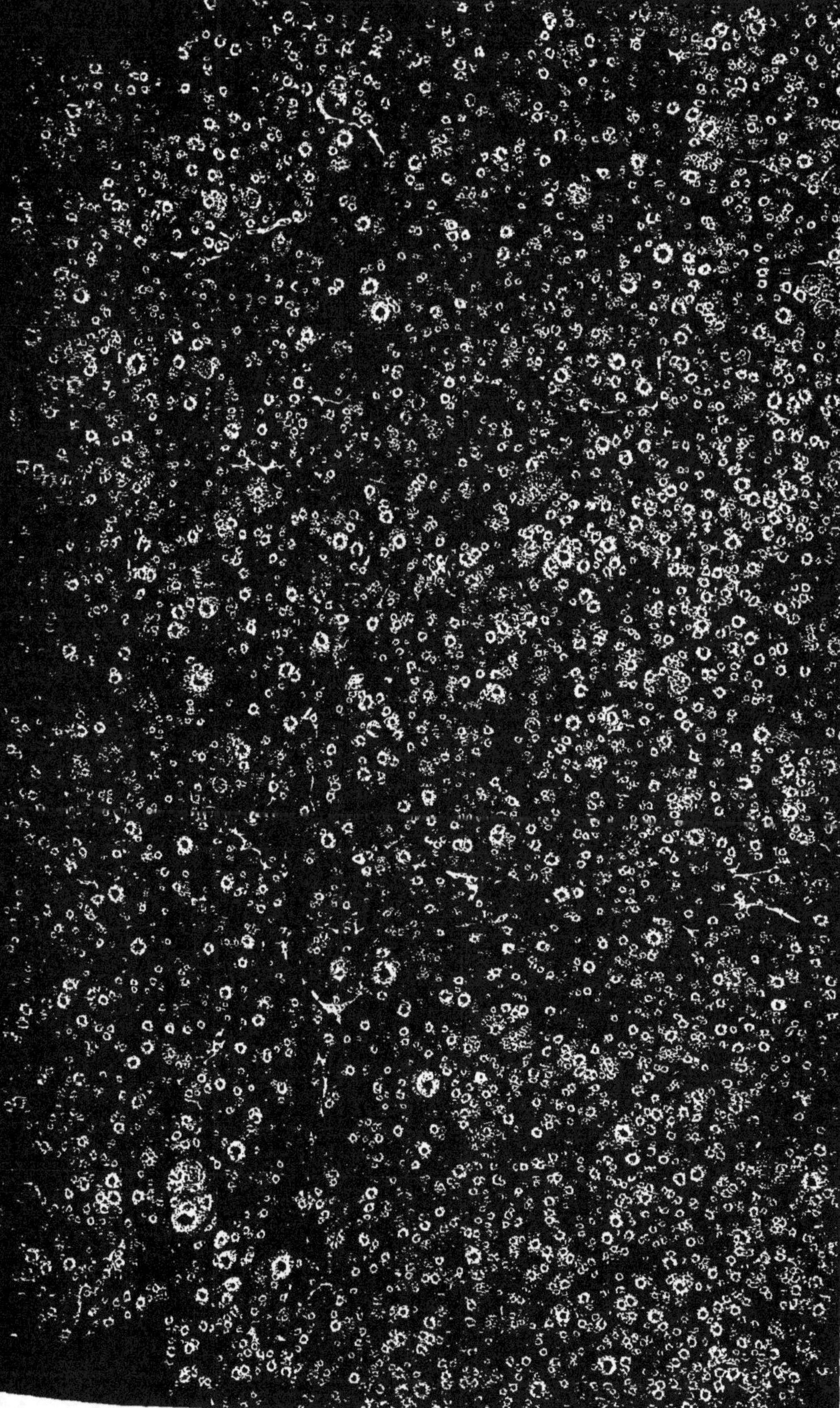

DESCRIPTION DU TIBET.

DESCRIPTION DU TIBET,

d'après la Relation des Lamas Tangoutes, établis parmi les Mongols ;

TRADUIT DE L'ALLEMAND AVEC DES NOTES,

PAR J. REUILLY,

Auditeur au Conseil d'État, Membre de la Légion d'honneur, Sous-Préfet de Soissons, Correspondant de l'Institut.

A PARIS,

CHEZ BOSSANGE, MASSON ET BESSON.

1808.

A MONSIEUR

LANGLÈS,

Membre de l'Institut, Conservateur des Manuscrits orientaux de la Bibliothèque Impériale, Professeur de Persan, etc. etc.

Vous m'avez engagé, Monsieur et respectable ami, à publier cette traduction d'un petit ouvrage sur le Tibet, partie du globe aussi intéressante que peu connue. Je l'offre, comme un tribut de reconnaissance, au savant qui a enrichi notre littérature de plusieurs ouvrages importans, et je m'estime heureux qu'il me permette de le compter au nombre des personnes qui m'honorent de leur amitié.

J. REUILLY.

PRÉFACE.

Pendant mon séjour en Crimée, je me liai avec le Métropolite grec. Mon titre de Français, et la bienveillance de M. Pallas, furent mes seules recommandations auprès de lui. Un séjour de quelques années dans le Tibet et le Cachemir, une grande connaissance des possessions anglaises dans l'Inde, plusieurs voyages par terre dans ses différentes provinces, le mettaient à même de répondre d'une manière satisfaisante aux différentes questions que je m'empressais de lui faire. Je lus à M. Pallas les notes que j'avais prises, et il eut la bonté de me tracer lui-même, celle qui est jointe au Mémoire

Puissent, pour le progrès des sciences, des voyageurs, tels que MM. Pallas et de Humboldt, parcourir un jour en observateurs le centre le plus élevé du continent qu'occupent le Tibet et le Cachemir, et accroître d'une riche moisson de faits intéressans, le vaste empire des connaissances humaines (1)!

(1) Le Tibet et le Cachemir sont encore, de tous les pays de l'Asie parcourus par des voyageurs, celui qui est le moins connu : cependant aucune autre partie du globe ne promet autant de découvertes intéressantes sur l'origine des différentes races du genre humain, sur son histoire la plus ancienne, sur la structure du globe, son état primitif, et enfin sur les productions naturelles de tout genre.

Note manuscrite de M. Pallas.

DESCRIPTION DU TIBET,

D'après la Relation des Lamas Tangoutes, établis parmi les Mongols des bords du Sélinga.

L'EMPRESSEMENT que l'on a mis à traduire dans diverses langues les renseignemens donnés sur le Tibet, par l'envoyé anglais *Bogle*, et que *Stewart* a publiés dans le soixante-septième volume des *Transactions philosophiques* (1), prouve combien est vif le désir de recueillir de plus grands détails sur un pays encore aussi peu connu (2).

(1) Ces détails et d'autres tirés de la même Relation ont été traduits en français et insérés dans un petit Recueil sur le Tibet, publié en l'an 4, sous le titre de *Voyages au Tibet*, faits en 1625 et 1626, par le P. d'Andrada, et en 1774, 1784 et 1785, par *Bogle*, *Turner* et *Pourunguir*, un vol. *in*-16.

(2) Le Tibet était demeuré inconnu jusqu'au siècle

Cependant la relation de Bogle ne mérite d'être placée qu'après les notes du P. Georgi, éparses dans son *Alphabetum Tibetanum*, et dont un extrait incomplet, mais rédigé dans un meilleur ordre, a été inséré dans la Bibliothèque historique de *Gatterer*. J'ai eu aussi occasion, pendant mon séjour chez les Mongols des bords du *Sélinga*, de rassembler diverses notions sur ce pays situé au centre de l'Asie, et digne d'attention. Elles m'ont été fournies par des prêtres Tangoutes qui vivent

---

dernier, et le serait peut-être encore, sans la curiosité de l'empereur de la Chine *Kan-hi*, qui en a fait parcourir toute l'étendue, jusqu'aux bouches du Gange, par des Tatârs, auxquels on avait donné quelques leçons de mathématiques. — *Voyez* Recherches géographiques et historiques sur la Sérique des Anciens, par M. d'Anville, Mém. de l'Acad. des Inscriptions et Belles-Lettres, vol. 32, p. 599.

M. d'Anville possédait une des cartes dressées par ces Tatârs, sur du papier Chinois. MM. Bogle, Stewart, les P. Georgi et Amyot, MM. Muller, Pallas et Turner ont fait connaître plus particulièrement le Tibet, les mœurs et les usages des peuples qui habitent les contrées voisines.

chez ces peuples, et par *Gambo-Lama*, chef du clergé Mongol, qui est sous la protection de la Russie : il avait fait dans sa jeunesse un pèlerinage au Tibet. Je dois un semblable recueil de relations orales à notre digne et savant conseiller-d'état Muller, qui les a obtenues pendant son séjour en Sibérie, par des questions faites à un *Zordchi-Lama*, Tangoute, habitant des *bords du Tchikoï*. Parmi ces renseignemens, il y en a beaucoup qui n'ont pu trouver place dans la seconde partie de mes *Recueils Mongols*. Leur accord entre eux, quoiqu'ils aient été pris dans des temps différens et par diverses personnes, me fait si bien préjuger de leur exactitude, que j'ai cru devoir les rassembler et les publier. Je ne les ai pas trouvés conformes dans toutes leurs circonstances aux rapports du *P. Georgi* et de *M. Stewart*; mais je n'ai cependant pas osé me permettre de tronquer les narrations de mes *Lama* (1) ni de les faire concorder avec les relations de ces Européens. Les variantes serviront au contraire à rendre plus attentifs les voyageurs, qui pénétreront jusqu'au Tibet; et peut-être mes Lamas, qui professaient la religion et parlaient la langue du pays, méritent-ils plus de confiance. Je donne par conséquent ici mes renseignemens comparés et réunis, sans avoir égard à ce qui a déjà été imprimé sur le Tibet.

Chez les Mongols, Tangout, Tobbet ou Tibbet, et Téboudoun, désignent le même pays, dont le nom Tangoute est Beguédou. Les Mongols placent le Tibet au sud-ouest, à leur main droite (Baroon-Tala). Voilà pour-

(1) Le mot *Lama*, que les Chinois prononcent *La*, désigne, au Tibet et à la Chine, un prêtre de *Fo*, ou de Bouddha. Les Mantchoux et autres Tatârs nomment ces prêtres *Saman*. — Recherches asiatiques, ou Mémoires de la Société établie au Bengale, T. I, p. 138. Paris, 1802 (an II.) *Note de M. Langlès.*

quoi *Baroon-Tala* est une dénomination ordinaire pour désigner le Tibet, en opposition à *Dsououn-Tala* (la main gauche), par laquelle on désigne le pays qu'habite la race *Mantchoue*. Le nom *Boutan*, dont le P. Georgi fait un des principaux appuis de son hypothèse sur l'origine de la religion des Lamas qu'il prétend être tirée du *Manichéisme*, n'est connu ni des Lamas-Mongols, ni des Lamas-Kalmouks. Ils disent tous, n'avoir jamais entendu désigner par cette dénomination leur pays sacré. Boutan a été probablement formé du mot *Téboudoun*, par les missionnaires catholiques.

Si on veut aller de chez les Mongols au Tibet, on se dirige par les déserts Mongols vers le sud-ouest sur la ville *Koukou-Khotton*, située en dehors de la muraille de la Chine : de là, passant près du *Koukou-Noor* (lac Bleu), on trouve *Dobo-Sélin-Khotton*, ville *Boukhare*, bâtie à l'extrême frontière du pays, au confluent du fleuve *Sélin* et du *Khatoun-Goll* ou *Khoango*. A *Sélin*, on traverse le *Khatoun-Goll* (1); il n'y a pas d'autre grand fleuve sur toute la route. Les petits ruisseaux et les eaux des montagnes peuvent être passés à gué. Le chemin est pratiqué à travers des plaines découvertes, des bois et de hautes montagnes. De *Kiakhta* à *Koukou-Khotton* on compte vingt-cinq journées de cheval; de *Koukou-Khotton* à *Dobo-*

(1) Le nom mongol de ce fleuve est attribué à l'événement suivant, dont je ne garantis pas l'authenticité. Le grand Gengis-Khân, suivant la tradition mongole, entreprit une expédition au Tibet contre le Chouddourga Khân, pour lui ravir une de ses femmes. Il parvint facilement à s'en emparer; mais lorsqu'à son retour il fut arrivé sur les bords du *Khoango*, cette femme le poignarda dans son camp, pendant la nuit, se précipita ensuite dans le fleuve, qui depuis sa mort a conservé le nom de *Khatoun-Goll* (fleuve des femmes); il coule du sud-ouest vers la Chine, et forme, à ce qu'on assure, une limite naturelle entre le Tangout, la Chine et le pays des Mongols.

Note de M. Pallas.

Sélin-Khotton, vingt journées, et de *Sélin* jusqu'au passage du *Khatoun-Goll*, une journée. Depuis le *Khatoun-Goll*, on voyage chez les *Tangoutes*, et on compte encore trente jours de route jusqu'au grand temple *Dsonoi-Ré*.

Le *Tangout* est un pays étendu et peuplé; comparativement à la Sibérie, il est situé sous un climat très-modéré. Les rivières ne gèlent que dans la partie du nord où la neige a de la durée. Dans tout le pays, règne la croyance *Lamique* ou *Chiguïmounique*, que suit aussi le Souverain, dont la dignité se transmet héréditairement à ses fils ou à ceux de ses parens reconnus dignes de commander. Vers l'an 1740, le Khân s'appelait *Débo*, et n'avait qu'une femme, quoique la polygamie, proscrite par les dogmes de la religion du pays, soit assez commune parmi les grands.

Le peuple habite des villes et des bourgs nombreux assez bien bâtis, et dont les murs d'enceinte sont construits en pierre de taille dans la partie inférieure, et en briques dans la partie supérieure. Les grands et les gens aisés ont des maisons de pierre ; le bas-peuple demeure dans des huttes construites en bois et en terre. Les temples des idoles (1) sont presque tous en pierre ; quelques-uns sont magnifiquement décorés : on bâtit ainsi dans les contrées qui manquent de bois de construction, et cela a lieu dans

(1) *Mahamounie* est une des principales idoles des temples du Tibet ; c'est un mot Samskrit qui signifie grand-saint. Voici ce qu'en dit M. Turner, dans sa Relation. « Tandis qu'on marche parmi ces fragmens de rochers, » on est tout-à-coup frappé de la vue d'une figure gigan- » tesque qui représente *Mahamounie*, la principale des » divinités du Tibet et du Boutan. Elle est sculptée en » relief sur un immense rocher, et dans l'attitude ordi- » naire des idoles de ces contrées, c'est-à-dire, les jam- » bes croisées. Certes, cette figure est très-irrégulière et » très-mal travaillée ; mais si je ne peux pas faire l'éloge » des talens du sculpteur, je dois au moins louer sa pa- » tience : car cet ouvrage a dû lui coûter beaucoup de » tems. — Ambassade au Tibet et au Boutan de Samuel Turner, T. I, p. 332.

presque tout le Tibet. Le sol est généralement fertile : on y cultive le riz, le froment, le seigle, l'orge, l'avoine, le chanvre et tous les légumes qui croissent dans les environs de *Pékin*. Le peuple est contraint au service militaire lorsque le Prince le requiert ; la discipline est si sévère, que les fuyards sont toujours punis après la perte d'une bataille : le Khan *Débo* a fait la guerre au Khân *Schobon-Tchiketou* qui régnait dans le pays de *Dsamp-Kho*, situé au sud du *Tangout*, et à un souverain Kalmouk.

Les impôts annuels, que le peuple paye aux Princes, ne s'élèvent pas beaucoup au-delà de la valeur d'un florin par tête, et sont perçus en or et en argent (1) ou en fourrures :

(1) On trouve de l'or dans les sables de la grande rivière et de plusieurs petits ruisseaux et torrens qui viennent des montagnes ; mais outre l'or ramassé de cette manière, il y a des mines de ce métal dans les parties septentrionales du Tibet : elles sont affermées au nom

la perception en fourrures se fait dans les contrées sauvages et incultes du nord du pays ; on y trouve des martres zibelines et beaucoup de renards jaunes d'une assez mauvaise espèce, qui ont des poils mêlés de blanc. On ne récolte pas de soie dans le *Tangout* ; les soieries sont tirées de la Chine, et principalement de *Nand-Chin*, mais on y fabrique des draps avec d'excellentes laines du pays (1).

---

du Dalaï-Lama. L'or s'y présente sous forme métallique pure, et n'exige d'autre travail que celui qui est nécessaire pour le séparer de la pierre ou du silex, auquel il adhère. Une mine de plomb près de *Techou-Loumbou*, contient de l'argent dans une assez grande proportion pour engager à l'exploiter, dans l'objet seul de se procurer ce métal. Le hasard a presque seul contribué, jusqu'à présent, à faire découvrir dans le Tibet des mines très-riches : ce pays serait digne de la curiosité des physiciens et des recherches des minéralogistes. — Voyages au Tibet du P. Andrada, de Bogle, Turner et Pourunguir, 1 vol. *in*-16. p. 101 et 108. — Ambassade au Tibet et au Boutan de Samuel Turner, T. 2, p. 251 et 252.

(1) Suivant la Relation de M. Bogle, les châles de Cachemire sont fabriqués avec de la laine d'une espèce

La capitale du *Tangoute* est *Llassa* ou *Dsassa*. Elle est située sur le fleuve *Dsampkho-Sou*, (en mongol *Dsam-Mouroun* (1),) qui, réuni à un autre fleuve appelé *Oui-Mouroun*, coule vers le sud, et arrose le pays de *Dsampkho*. Llassa est sur la rive gauche du fleuve ; suivant une de mes rela-

---

de brebis du Tibet, et non avec le poil de chèvre ou de chameau. M. Hastings avoit dans son parc une ou deux de ces brebis, lorsqu'il a quitté le Bengale. Cette espèce est d'une petite taille et ne diffère d'ailleurs de la nôtre, que par la grosseur de sa queue et la beauté de sa toison. Les Cachemiriens accaparent cet article. Ils ont des facteurs établis dans tout le Tibet, pour l'acheter et l'expédier à Cachemire, où il est mis en œuvre, et devient une source de richesses pour le pays. — Voyages au Tibet du père d'Andrada, de Bogle, Turner et Pourunguir, 1 vol. in-16. p. 100.

M. Fontana, actuellement à Paris, atteste avoir vu, en 1783, des brebis du Tibet dans le parc de M. Hastings. Quelques-unes de ces brebis, qui avaient été amenées par M. Bogle, ont été envoyées en Angleterre et présentées à la Reine, qui les fit placer dans un de ses jardins.

(1) *Mouroun* et *sou* sont deux synonymes qui signifient également de l'eau, ou une rivière : le premier mot est mongol ; le second est tatâr.

tions, le pays qui l'entoure est appelé *Bodbo*. On donne à la ville six milles d'Allemagne de circonférence, et on la dit fortifiée par une enceinte de murailles de trois toises de hauteur, si épaisses, que cinq hommes à cheval peuvent y marcher de front. Au milieu de la ville est un temple, appelé *Dsoo-Dchiguiamouni*, très-célèbre parmi tous les sectaires de la religion *Lamique*, parce qu'il renferme une idole apportée des Indes, réputée sacrée, et qui représente *Chiguiamouni* (1), fondateur de cette religion : on y vient

---

(1) Le même que Boud-ha. Voyez pag. 48.

On lui donne beaucoup de noms; les uns l'appellent Châkmoni, par corruption de Chaman : on prononce vulgairement Châkmouny. C'est un article de foi que par la vertu de ses bonnes actions, il parvint au plus sublime degré de connaissance; et qu'ayant acquis la science universelle, il obtint la dignité du *Mokt*. Ce mot Samskrit, désigne l'absorbement dans la nature de l'Être-Suprême. — Notice du Rituel des Mantchoux, par M. Langlès, p. 243 du septième volume des Notices des manuscrits de la Bibliothèque impériale.

de toutes les contrées faire des pèlerinages (1) et apporter des offrandes. Le temple est assez spacieux pour que plus de mille personnes puissent s'y livrer à l'exercice du culte; on voit dans la ville plusieurs autres temples bien décorés : les maisons de pierre ne sont pas nombreuses, la plupart étant construites en bois. Cependant les bâtimens sont assez spacieux, et les gens aisés occupent ordinairement trois ou quatre chambres. Un mur de pierre règne autour du palais des Khâns; il est aussi habité par quelques grands. La ville est traversée par divers petits ruisseaux qui se jettent dans le *Dsam Mouroun*, mais on en dit l'eau très-malsaine pour les

(1) Ces pèlerinages sont semblables à ceux des Japonais au temple d'*Isie*, consacré à Tensio-dai-sin; des Hindoux au temple de *Jagrenat*; des Arabes à *Ka'abeh* ou maison carrée de la Mekke, bien long-tems avant Mohhammed; des Juifs au temple de Jérusalem, etc. — Voyages de C. P. Thunberg au Japon, T. 3, p. 268, *Note du Rédacteur*.

habitans qui demeurent dans des quartiers éloignés du fleuve, et particulièrement pour les étrangers.

Tout près de la ville, sur une haute montagne qui s'élève à pic au-dessus de la rivière, on voit un temple et un couvent construit en pierre, appelé *Bouda-La*, et où le *Dalaï-Lama* (1) séjourne quelquefois. Les

(1) Vers l'an 1373, suivant M. de Guignes, Yong-Lo, empereur de la Chine, de la dynastie des Mings, donna à huit Lamas, le titre de Roi. Vers l'an 1426, ils prirent tous le titre de Grand-Lama, et le premier de ces Lamas, porta celui de *Dalaï-Lama*. C'est là l'origine du Dalaï-Lama, ou Grand-Lama du Tibet, comme elle est rapportée dans un manuscrit du père Gaubil, qui a été communiqué à M. de Guignes. — Hist. des Huns de M. de Guignes. T. I, prem. partie, p. 166.

D'après le P. Georgi, ce fut vers l'an 1100, que la dignité de Grand-Lama fut réunie à celle de Monarque, dans la personne de *Kang-ka-gnin-bo*. Il reçut, pour marque de son investiture, un sceau d'or et un diplôme royal, de la part de l'empereur de la Chine, dont le Tibet a presque toujours été dépendant. Avant cette époque, le Tibet étoit gouverné par des Rois séculiers. — Recherches asiatiques, ou Mémoires de la Société établie au Bengale, T. I, p. 139. *Note de M. Langlès.*

Tangoutes donnent à la montagne le nom de *La. Dalaï-Lama* ou *Lama-Eremboutchi*, comme l'appellent les Tangoutes, réside ordinairement dans deux autres couvens, dont l'un est situé sur le *Dsam Mouroun*, à environ mille toises au-dessous de *Llassa*, et porte le nom de *Sséra-Somba* (en mongol *Sséra-Ré*). L'autre est un peu plus loin, au-dessus de la ville, sur le bord d'un ruisseau, et s'appelle *Brépoun-Gomba* (en mongol *Brépoun-Ré*): ces couvens consistent, outre l'habitation du *Dalaï-Lama*, qui est magnifiquement bâtie, en une quantité de jolis temples et de maisons habitées par un clergé très-nombreux. Le Prince a aussi un palais auprès de chaque couvent (1), et s'y rend quelquefois

(1) Le Traducteur de M. Turner assure que le couvent habité par le *Dalaï-Lama*, a trois cent soixante-sept pieds quatre pouces de hauteur. Le couronnement en est doré en entier. Les bâtimens qui y sont joints, sont partagés en plus de dix mille chambres, pour loger

les jours de fête pour recevoir la bénédiction. Les femmes même les plus distinguées n'ont pas la permission d'y passer la nuit; elles sont obligées de se retirer aussitôt qu'elles ont fait leurs prières et reçu la bénédiction du *Dalaï-Lama*. Les divers bâtimens sont entourés d'un mur, et on assure que les couvens du *Sséra-Ré* et de *Brépoun-Ré*, avec leurs dépendances, ont l'un deux milles, et l'autre un peu moins d'un mille de circonférence.

A certaines époques, le *Dalaï-Lama* se rend d'un couvent dans l'autre, et séjourne dans chacun à peu près le même espace de tems. Lorsqu'il va de *Brépoun* à *Sséra*, il dirige sa route d'après le soleil, autour de la ville de *Llassa* et de la montagne de *Bouda-*

autant de guilongs qui, comme les moines chrétiens, font vœu de chasteté, de pauvreté et d'humilité, et le tiennent, dit-on, mieux qu'eux. — Ambassade au Tibet et au Boutan, de Samuel Turner, Tome 1, pag. 242, note.

La : dans ces occasions, il a coutume de visiter le couvent, et quelquefois il s'y rend directement de *Brépoun*. Par suite du détour que l'on vient d'indiquer, et qui est établi par la superstition, le voyage de *Brépoun* à *Sséra* dure toute une journée ; mais quand le *Dalaï-Lama* revient à *Brépoun*, il passe ordinairement par la ville de *Llassa*. Il fait ordinairement ces petits voyages dans des chaises à porteur, et quelquefois à cheval. On a un exemple récent que ce Pape du *Tibet* s'est rendu en Chine, sur l'invitation de l'Empereur, et qu'il y a résidé quelque tems dans le couvent d'*Agalitang* (1).

(1) Lorsque le dernier Empereur de la Chine (Kien-Long), très-mécontent de l'accueil amical que les Anglais avaient reçu au Tibet, invita d'une manière à-peu-près impérative et força très-poliment le Techou-Lama, que nos missionnaires appellent *Pantchan Lama Erteni*, à faire le voyage de Pékin ; la crainte de la petite-vérole, ou peut-être d'un poison encore plus sûr, était le principal motif qui inspirait au Techou-Lama une grande

Le *Dalaï-Lama* a été assez unanimement reconnu comme chef du clergé par les sectaires de la religion *chiguémounique* de la partie nord de l'Asie (1). Tous le croient un Dieu

répugnance pour ce long voyage. En effet, peu de tems après son arrivée dans la capitale de la Chine, l'âme du Dieu voyageur, suivant leur expression, *changea de demeure*. Elle retourna donc au Tibet habiter le corps d'un très-jeune enfant, à qui M. Turner eut l'honneur d'être présenté. On a lieu aussi de soupçonner qu'*Erteni* fut empoisonné par ordre de l'Empereur de la Chine. Voyez la relation de cet événement remarquable, arrivé dans le cours de l'année 1779, (et non 1780, comme l'a cru M. Castera), dans la relation de l'ambassade au Tibet, par M. Turner, T. 2, p. 297-329, de la traduction française; et dans deux Lettres curieuses de M. Amiot, insérées dans les Mémoires concernant l'Histoire, les Sciences, les Arts, etc. de la Chine, T. 9, p. 6 et 446-454. — Recherches asiatiques des Mémoires de la Société établie au Bengale, T. 1, p. 149, édition *in*-4. imprimée à Paris en 1802 (an 11.) *Note de M. Langlès.*

(1) Les Lamas, qui sont en très-grand nombre, ont deux chefs principaux, qui tous deux font leur résidence au Tibet: le premier se nomme *Dalaï-Lama*, ou *Talaï-Lama*, suivant la prononciation des Mongols; le respect qu'ils lui témoignent, va jusqu'à l'adoration. Les Grands et les Souverains même de la Chine et de la Tatârie, ne

incarné, dont l'âme abandonne un corps décrépit, pour se replacer dans un autre corps humain remarquable par sa pureté et sa beauté. Mais, à différentes époques, l'intérêt politique du Souverain de la Chine, opposé à celui des *Khans Kalmouks*, a fait soutenir, les armes à la main, des anti-papes, mis en avant par les cabales intérieures des grands et des prêtres du Tibet.

Dans le sud du Tibet, un certain

se montrent pas moins respectueux que les Lamas, envers le *Talaï-Lama*; ils se prosternent devant lui, et lui rendent par eux-mêmes ou par leurs ambassadeurs, un véritable culte.

Les Tibétains regardent le *Dalaï-Lama*, comme le substitut de l'Être-Suprême. Ils s'imaginent que son invisible bouclier peut les dérober à toutes les atteintes de leurs ennemis; et la bénigne influence de sa doctrine leur apprend à être miséricordieux, humains, bienfaisans envers tout ce qui les entoure. — Recherches asiatiques ou Mémoires de la Société établie au Bengale, T. 1, p. 139. *Note de M. Langlès.*

Ambassade au Tibet et au Boutan, de S. Turner, T. 2, p. 5.

Bogdo-Lama, appelé par les Tangoutes *Bodo-baintchang-erembout-chi*, a donné lieu à de semblables troubles, et a même occasionné une espèce de schisme. Les partisans les plus zélés du *Dalaï-Lama*, ou les houppes rouges (*oulan-sallaté*), comme ils s'appelent pour se distinguer de la secte dite des bonnets blancs (*zaghan-machalaté*), placent au second rang ce patriarche (1), dont peu d'Européens ont encore fait mention. Ils le considèrent cependant comme un Dieu incarné, voyageant sur cette terre, d'un corps humain dans un autre corps. Les Kalmouks le croient

---

(1) M. le professeur Schlœzer verra ici que je n'ai pas entendu, ainsi qu'il m'en accuse (*), désigner sous le nom de Bogdo-Lama, dans le premier tome de mes *Recueils mongols*, le Koutoukhta mongol, qui n'est pas même le second après le *Dalaï-Lama*, dans l'empire ecclésiastique. *Note de M. Pallas.*

(*) Dans le 28me. et le 29me. tomes de sa Correspondance, p. 202, notes **.

plus ancien que le *Dalaï-Lama*, et les adorent tous deux dans leurs images : d'autres lui donnent la supériorité. Un Lama Mongol, qui avait fait dans sa jeunesse un pèlerinage au *Tibet*, m'a assuré que *Dalaï - Lama* s'étoit proposé d'aller, par dévotion, en pèlerinage chez le *Bogdo-Lama*. D'après ses rapports, ce patriarche résidoit alors à dix petites journées au sud de *Llassa*, dans un couvent situé sur une haute montagne presqu'entourée par le lac *Jandouk*. On assure qu'on trouve dans le voisinage de ce couvent une petite ville populeuse, nommée *Dsenssa*, et qu'elle est encore indépendante de la Chine, ainsi que toute la partie sud du Tibet, et même le *Bogdo-Lama* : j'en ai reçu également l'assurance par des *Boukhares* du *Sélin*.

Quand un *Dalaï-Lama* veut quitter ce monde (et on assure que cela arrive à l'époque, aux heures et suivant les circonstances qu'il a lui-même déterminés), il laisse toutes les fois un testament qui désigne son successeur, il l'écrit lui-même et le dépose dans un lieu secret autour de son trône, afin qu'il ne soit trouvé qu'après sa mort. Dans ce testament, il prescrit toujours, d'après ses inspirations, le rang, la famille, l'âge et les autres qualités auxquelles on pourra reconnaître son successeur, l'époque à laquelle on devra en faire la recherche, suivant que son âme *Khoubilganique* (destinée à renaître) a la volonté de reprendre un nouveau corps après un tems plus ou moins long. Ce testament est cherché et ouvert immédiatement après le décès du *Dalaï-Lama*, par le conservateur supérieur du temple, ou vicaire, en présence des plus saints *khoubilgans* (ou régénérés) et du haut clergé. Si, par suite de ces formalités, on trouve le successeur désigné, son installation a lieu d'après l'usage et de la manière la plus solennelle. Le corps d'un *Dalaï-*

Lama, privé de son âme, est toujours brûlé, et ses cendres employées comme reliques : on en fait de petites boules de verre (*challir-ouerulou*) qui sont réputées choses saintes.

Des pèlerins *Kalmouks*, revenus tout récemment du *Tibet*, racontent que le prédécesseur du *Dalaï-Lama* actuel annonçoit dans son testament, que son esprit divin ne se manifesteroit plus qu'une fois, dans un enfant désigné par lui, qui est encore à présent dans un âge si tendre, que, suivant le cours de la nature, ce *Dalaï-Lama* peut bien encore vivre une cinquantaine d'années. Après cela le *Bourkhan* (Dieu) incarné, qui jusqu'ici étoit chef de la doctrine *chiguémounique* sur terre, ne paraîtra plus visiblement : voilà pourquoi les sectaires de cette doctrine, et même les *Lamas* instruits, sont très en peine du sort futur de leur secte ; peut-être cache-t-on là-dessous le dessein politique de soustraire ce

Pape asiatique à la domination chinoise, ou, au contraire, de le transplanter plus près de la Chine, sous une forme nouvelle : le tems nous l'apprendra.

Les Prêtres Lamas honorent, outre cela, sept *Koutoukhtes* comme leurs principaux chefs après le *Dalaï-Lama*, et ils leur attribuent également un esprit divin, qui, après le décès d'un corps, ne peut se manifester de son propre pouvoir dans un autre, mais doit être découvert et désigné par le *Dalaï-Lama* qui a *connaissance de tout*. Les noms honorifiques de ces *Koutoukhtes* sont *Demou-Koutoukhtou.*

Gueguen-Koutoukhtou réside, sous ce nom, près des Mongols, comme chef du clergé; c'est le plus connu en Europe. Son titre honorifique complet chez les *Mongols*, est *Dchibsoun-tomba-koutoukhtou-gueguen;* mais dans le *Tibet* il est appelé *Dchedsyn-*

tomba-gousée, et considéré comme occupant le second rang.

Tonkous-Koutoukhtou ;
Tonkous-Mansouchire-Koutoukhtou ;
Ouanchoun-Ngaba-Koutoukhtou ;
Dchomyang-Dchasso-Koutoukhtou ;
Soumtchang-Tsordchi-Koutoukhtou.

Après ces *Koutoukhtes* ou Cardinaux, viennent les autres dignités ecclésiastiques, telles que *Tchéedchi-Lama*, en mongol *Zordchi ; Eremdchamba-Lama ; Guilloung-Lama*, prêtres ordinaires. *Gezüll*, une espèce de Diacres qui ne peuvent donner la bénédiction, mais servent d'aides aux prêtres ordonnés. Tous les autres disciples du clergé sont compris sous la dénomination de *Bandi* ou *Khoubaragout.*

Le *Dalaï-Lama* ne donne la bénédiction avec la main qu'au Souverain du pays et à d'autres khâns qui vont chez lui en pèlerinage. Il bénit les autres laïques avec une espèce de sceptre (chaazeng) qui, comme un conduit électrique, communique sa sainte vertu à celui qui en est touché. C'est une baguette élégante et dorée, de la longueur d'une aune environ, de bois rouge et odoriférant, appelé *sandan*. L'un des bouts est garni d'une poignée, l'autre est sculpté en forme de nymphéa (1) (*Baima-Lokho*). Du centre

(1) » Cette plante, également sacrée pour les Indiens, les Tibétains, les Japonois et les Egyptiens, se nomme en samskrit, *Tamara*, *Patmaleya*, *Patmâ* ou *Padma*; les Tibétains ont fait de ce mot, *pemà*. On sait que la fleur du lotus s'ouvre aux premiers rayons du soleil, et se ferme quand cet astre se couche. On la peignait ordinairement avec un enfant qui semblait sortir de son calice, pour indiquer, sans doute, que l'eau et le soleil sont les principes de la génération; enfin, cette plante est l'*Yônî*, la matrice ou le réceptacle de fécondité, figuré quelquefois par un triangle. Les Japonois la nomment *Tarate*. Elle jouissait d'une grande vénération chez les anciens Egyptiens; et sa fleur a fourni à leurs artistes, des chapiteaux de colonne d'une beauté et d'une variété admirable, comme on peut s'en convaincre en examinant les belles planches 59 et 60 de l'intéressant voyage dans la basse et haute Égypte, par M. Denon,

de cette baguette sort un ruban de soie jaune d'environ deux pouces, avec trois morceaux de soie tricolors et à franges, attachés ensemble et longs d'une palme. Avec cette houppe de soie (*Badeng*, ou en langue laïque *Dchebang*), le *Dalaï-Lama* touche la tête de ceux qui viennent l'adorer à genoux. S'il s'en présente un grand nombre, quelques-uns des Lamas les plus distingués se placent à côté du siége de leur Pape, et lui soutiennent le bras droit avec lequel il tient son sceptre : ce siége, composé de plusieurs coussins, ressemble à un trône. Les docteurs laïques prient d'abord devant d'autres idoles ; ensuite ils se prosternent devant le *Dalaï-Lama*, aussi souvent que le leur suggère leur dévotion ;

---

membre de l'Institut. Les Quobthes l'appellent *Kennàri*, *Nábaq* en arabe ». — Recherches asiatiques ou Mémoires de la Société établie au Bengale, T. I, p. 247 et 248, édition *in*-4. imprimée à Paris en 1802 (an II.) Note.

enfin ils se mettent à genoux devant lui, et reçoivent, la tête baissée, les mains sur la figure et dans le recueillement, la bénédiction dont ils témoignent leur reconnaissance par des prosternations réitérées (1) : les laïques qui n'ont pas la qualité de docteurs, sans approcher d'autres idoles, s'inclinent respectueusement devant le trône du *Dalaï-Lama*, et reçoivent de la même manière sa bénédiction. Il ne la refuse à personne, quoique ceux qui viennent pour l'adorer n'aient pas toujours le bonheur d'obtenir cette faveur.

Les prêtres persuadent au peuple, et me racontaient aussi très-sérieusement, que quand plusieurs personnes sont en adoration devant le *Dalaï-Lama*, il se présente à chacune d'elles sous une figure différente. A l'un il paraît jeune, à l'autre de moyen âge; et chacun croit en être seul regardé;

(1) *Voyez* la vignette au frontispice.

partout où il passe, il se répand une odeur agréable; à son commandement, des sources jaillissent miraculeusement dans des plaines arides, des forêts s'y élèvent, et il s'y manifeste d'autres merveilles de cette nature.

Le *Bogdo-Lama* se sert également d'un sceptre pour donner sa bénédiction, et le Souverain du pays se présente aussi à lui pour la recevoir. Mais quand il est en visite chez le *Dalaï-Lama*, celui-ci a seul le droit de donner la bénédiction : il la donne alors au *Bogdo-Lama* même, en lui touchant la tête avec son front. Les *Koutoukhtes* bénissent les personnes du commun avec la main droite, enveloppée dans un lambeau de soie : les prêtres d'un ordre inférieur prennent leur rosaire dans le creux de la main, et en touchent la tête du fidèle suppliant.

Tous les prêtres *Tangoutes, Mongols* et *Kalmouks*, s'accordent à dire que les excrémens et l'urine, tant du *Da-*

laï-Lama que du *Bogdô-Lama*, sont conservés comme des choses sacrées; ce qu'on a récemment voulu révoquer en doute. Les excrémens servent à former les amulettes, à faire des fumigations dans des maladies, et sont même employées comme remède interne par des dévots. L'urine est distribuée par petites gouttes, et donnée dans les maladies graves. En général tous les *Lamas* attestent que leurs deux Papes prennent si peu d'alimens et de boisson, que l'on ne saurait être assez économe de leurs excrémens sacrés. Ceux des Koutoukhtes, au contraire, ne sont ni conservés ni considérés comme choses saintes; cependant on a grand soin chez tous les prêtres d'un rang supérieur, de couvrir de terre la fosse qui les renferme, avant de quitter le lieu où ils les ont déposés.

Parmi les prêtres *Tibétains* ordonnés, et même parmi les docteurs non ordonnés, il existe certains prophètes élus et confirmés par le *Dalaï-Lama* même ; d'après la superstition du pays, ils passent pour être de tems en tems inspirés par le Dieu *Tcheetchong Djonsrin* ; ce qu'on pourrait prendre pour un reste de l'ancien paganisme *chamanique*, qui règne encore parmi la plus grande partie des peuples *Sibires*. On appelle ces gens *Nantchou*, et on les consulte sur l'avenir.

Quand un de ces individus veut prophétiser, il se revêt de ses habits de cérémonie, endosse le carquois, s'arme de l'arc, du glaive, de la lance, et invoque le Dieu jusqu'à ce qu'il en ait été inspiré, et qu'il en ait reçu une réponse à la question proposée. Si on lui amène des possédés, il ordonne, pour leur guérison, quelques prières qu'ils doivent lire eux-mêmes ou faire dire par un prêtre ; ou bien il saisit, suivant qu'il est inspiré, une flèche, une lance, et perce le patient ou le frappe avec le glaive ; cependant dans les deux cas il ne doit en résulter aucune blessure, mais seulement une marque rouge, et le méchant esprit abandonne le malade : extravagances que l'on peut ranger dans la même classe que les exorcismes de Gasner et les convulsions de Saint-Médard. Quand le prophète est inspiré, il tourne très-rapidement; mais lorsque l'inspiration l'abandonne, il ôte ses ornemens et adresse aux Dieux des remercîmens solennels. Le chef de ces prophètes jouit de très-grands honneurs, et il se trouve toujours dans la suite du *Dalaï-Lama*, quand celui-ci se rend d'un couvent dans l'autre. Il a un temple particulier, dans lequel sont conservés ses habits et ses ornemens. Le peuple fait un grand nombre de contes superstitieux sur d'autres qualités miraculeuses qu'il lui prête.

Llassa et les couvens environnans ont des imprimeries pour les écrits religieux (1). On y travaille avec des for-

(1) Plusieurs auteurs attribuent aux Chinois l'inven-

mes taillées dans le bois, d'après l'ancien usage chinois. Ces établissemens sont sous la surveillance de prêtres préposés à cet effet, et qui ont pour chef un *Zordchi*. Les surveillans des imprimeries sont appelés *Tchépékengui ghoba* ; les imprimeries elles-mêmes *Par Djami* ou *Par Djaken-Kamba*.

---

tion de la Typographie, (ou pour parler plus exactement, de la Stéréotypie). Les uns font remonter cette découverte au cinquième siècle avant J. C. (*) ; les autres seulement au dixième siècle de notre ère (**); mais l'art typographique est aussi ancien au Tibet qu'à la Chine, et il est resté, dans toutes ces contrées, grossier et imparfait, faute de caractères mobiles et de presses, deux inventions réservées au génie des Européens. Voici ce qu'en dit Turner dans la Relation de son ambassade, T. 2, p. 105. « On assure que l'imprimerie est connue au » Tibet, depuis un grand nombre de siècles; mais que » la puissante influence de la superstition y en a fait » limiter l'usage. Elle n'y sert que pour les livres sacrés » et pour les autres ouvrages qui concernent l'instruc- » tion publique et la religion. » — Voyages de Thunberg au Japon, T. 4, p. 117, note. — Alphabet Mantchou de M. Langlès, p. 7 de la Préface de la troisième édition.

(*) Spizel, Trigault, Mendoça, Maffée.

(**) Les PP. Couplet, Duhalde, etc.

Les planches de bois sur lesquelles les caractères (1) sont taillés *Par Komi*, et l'empreinte *Par Djami*.

Le papier se fait à la manière européenne avec des chiffons, mais généralement sans le secours de machines (2).

---

(1) Les caractères écrits ou imprimés en usage au Tibet, sont de deux espèces. Ceux qu'on emploie pour les livres qui concernent la religion et les sciences, s'y nomment *uchens ;* ceux qui servent dans la correspondance et dans les affaires particulières, s'appellent *umins*.

Le P. Georgi et M. Turner donnent des exemples de ces différens caractères. — *Alphabetum tibetanum*, Aug. Ant. Georgi, pag. 573 et suiv. — Ambassade au Tibet et au Boutan de S. Turner, T. 2, p. 43, 106, 107 et 108.

(2) Selon Turner, le papier des Tibétains se fait avec les racines fibreuses d'un petit arbuste qui croît dans le pays. Il est étroit et fort mince; malgré cela, on y imprime les caractères sur les deux côtés.

Le P. Georgi dit aussi que le papier se fait avec des racines d'arbres filandreux et des écorces de nature chanvreuse. Ils les jettent dans de grands mortiers, les broient avec des pilons de bois, et étendent ensuite cette matière, dont ils font des feuilles de différentes grandeurs. Une planche gravée indique la forme de leurs livres et des instrumens dont ils se servent pour écrire.

Les Tibétains renferment leurs livres dans des coffres,

Pour donner plus de consistance aux feuilles minces, on les colle les unes sur les autres avant de s'en servir, parce que tous les livres se composent de feuilles détachées et un peu longues, suivant toutes les apparences, à l'imitation des feuilles indiennes, et parce qu'elles doivent être conservées enveloppées dans de la soie ou autre étoffe, et liées avec des cordons.

Il y a au Tibet deux classes d'ordres de moines : l'une se fait simplement sacrer, observe certaines règles, et la diète, s'adonne à la piété et à des pratiques religieuses ; mais elle n'est cependant pas forcée au célibat. Les personnes mariées qui entrent dans cet ordre, continuent à vivre dans les liens conjugaux, et les célibataires peuvent même se marier sans préjudicier à leurs

---

dont les côtés sont ornés de différens genres de peinture et enrichis d'or. — Ambassade au Tibet et au Boutan de Samuel Turner, T. 2, p. 105. — *Alphabetum tibetanum*, Aug. Ant. Georgi, p. 562.

vœux. Cette espèce de moines et de nones est nommée *Guena* et *Guenama*, en mongol *Oubatchi* et *Oubatchbenza*. Les moines portent, comme toutes les personnes attachées à l'état ecclésiastique et vouées au célibat, des habits rouges et jaunes avec l'écharpe rouge, jetée pardessus l'épaule : ils se tondent entièrement la tête. Les nones sont vêtues comme les autres femmes, mais leur habillement est de la même couleur que celui des moines ; elles portent un ruban rouge pardessus l'épaule droite, et des bonnets jaunes pointus comme ceux des Lamas, ne se tondent pas la tête, et forment de leurs cheveux deux tresses de chaque côté, tandis que les autres femmes n'en laissent pendre qu'une derrière chaque oreille. Toutes les personnes qui appartiennent à cet ordre, s'abstiennent de viande les 8, 15 et 30 de chaque mois, et jeûnent toute la journée : elles peuvent cependant prendre du thé avec un peu de lait. Elles portent toujours un rosaire et une boîte tournant sur un axe et remplie de prières. Cette boîte peut être mise en mouvement par une simple secousse, au moyen d'un poids qui y est attaché avec une corde, et sert, pour leurs exercices de dévotion, dans les maisons et dans les temples. Elles évitent toute effusion de sang, et craignent de tuer le moindre insecte.

Des moines d'une autre classe, qu'on peut comparer à de vrais hermites (en tangout *Eretchouba*, en mongol *Dajantchi*), vivent, les uns isolément dans des cavernes, évitant toute relation avec les hommes, s'abstenant de toute nourriture animale, et laissant croître leurs cheveux : les autres, réunis sur les montagnes dans différens couvens, envoyent dans la ville des frères quêteurs pour ramasser des vivres.

Quand il naît un enfant à un laïque,

on fait venir, aussitôt qu'il est lavé, un Lama ou prêtre qui bénit un vase rempli d'eau et de lait mêlés ensemble, en récitant certaines prières et en soufflant dessus ; il y baigne de nouveau l'enfant ou le baptise. Après cette cérémonie, le prêtre lui donne le nom qu'il juge à propos, ou celui que lui prescrit certains livres qu'il consulte. Les noms en usage dans le Tibet proviennent tous, sans exception, d'idoles ou de saints ; tandis que chez les Mongols on peut aussi en choisir d'autres. Après cette espèce de baptême, on a l'habitude de servir un grand repas aux Lamas et aux amis de la maison.

Les filles qui se marient au *Tangout* reçoivent une dot, sans que l'époux soit obligé de la payer à son beau-père, ainsi que cela se pratique sous le nom de *Kalyn*, chez les autres peuples asiatiques. Les Lamas déterminent, conformément aux dispositions des livres sacrés, les jours propices pour la célébration des noces, d'après l'année, le mois et le jour de la naissance des époux; prenant sur-tout en considération le jour qui prédit du bonheur à la mariée, quand même il ne s'annonceroit pas favorablement pour son futur. Comme chaque personne ne peut espérer par an que quelques-uns de ces jours réputés heureux, si par hasard ils sont déjà tous passés, le couple est obligé d'attendre l'année suivante pour se marier.

Le jour de la noce, le marié, avec ses amis, mais sans ses père et mère, vient chercher la future dans sa maison. Les parens, ou au moins l'un d'eux, si l'habitation du marié est éloignée, se joignent à la société lorsqu'elle s'en retourne. A leur arrivée, un prêtre parfume, avec certaine herbe, la maison de l'époux, et invoque la présence des divinités favorables; il consacre ensuite par des prières, un vase rempli d'eau et de lait mêlés ensemble, dans lequel le marié et la mariée puisent de quoi se laver le *visage*; il leur donne la bénédiction nuptiale, en leur posant un livre sur la tête, et finit par adresser des vœux au ciel pour leur bonheur et leur fécondité. La cérémonie achevée, les jeunes époux sont conduits dans un appartement séparé, où on les laisse seuls, tandis que les convives continuent à se livrer à la danse, au chant, à la musique (1) et à d'autres amuse-

(1) Suivant le rapport de M. Turner, le père du *Techou-Lama* lui assura que les Tibétains avaient une musique écrite, dont l'étude faisait partie de leur éducation. « C'est ainsi, ajoute-t-il, qu'ils peuvent mettre à l'unisson les nombreux instrumens dont ils se servent dans leurs cérémonies religieuses, et j'ai souvent entendu tous ces instrumens passer, avec un parfait accord, des tons les plus bas aux plus élevés, et y mêler les modulations les plus variées ».

Quoique les instrumens, ni le système musical ne soient pas encore perfectionnés, cependant la musique fait une partie essentielle du culte de *Foé* ou *Chaca*, et tous les Bouddistes s'y livrent autant par dévotion que

mens. Chez les personnes riches, ces plaisirs durent souvent cinq et même dix jours.

Les Lamas n'ont aucune connaissance que dans le Tibet, la polyandrie soit une chose ordinaire et autorisée par les lois; ils considèrent plutôt ce cas comme un désordre accidentel, ainsi que l'est la polygamie dans ce pays-là et chez d'autres nations asiatiques.

Les cadavres des deux sexes sont, brûlés, jetés dans l'eau, inhumés, couverts de pierres sur les montagnes, ou simplement déposés dans les champs;

---

par goût, d'après le témoignage de Rubriquis, qui a traversé, en 1295, le pays des *Oigours*, c'est-à-dire une bonne partie de la Tatàrie. Le père Georgi nous apprend que les Bouddistes ont différens grades religieux, parmi lesquels on compte celui de *Uzè*, chef des musiciens. Il ajoute dans le passage suivant : *Tartarici populi, qui religionem Fo sectantur, musica mirifice delectantur.* Turner, T. 2, p. 136. — Collection des Voyages faits en Asie dans les douze, treize et quatorzième siècles, par Bergeron, première partie, p. 50. — *Alphabetum Tibetanum*, p. 403 et 404.

selon que l'ordonnent les livres sacrés, et que le règlent les dispositions relatives aux époques de la naissance et de la mort du décédé. Ces différentes manières de procéder à l'égard des cadavres sont déterminées par des règles précises, parce que, d'après les préjugés du pays, elles ont une influence décisive sur le salut de l'âme du défunt. Cependant l'incinération est considérée comme le mode le plus honorable, et elle est ordinairement en usage pour les cadavres des princes et des prêtres supérieurs : ceux des grands sont exposés pour servir de nourriture aux oiseaux et aux animaux sauvages (1). Avant qu'un corps

(1) Le tribut de respect qu'on doit aux morts, se paye de différentes manières. Dès qu'un Lama a cessé de vivre, dit M. Turner, il est assis dans une attitude de dévotion, et les jambes en croix, de manière que le coude-pied est appuyé sur la cuisse, et la plante du pied tournée en haut : cette posture leur est familière, tandis qu'ils sont en vie. Les corps des Lamas sont ordinairement brûlés,

soit enlevé, un prêtre ordonné, dit auprès de lui une espèce de messe mortuaire; les parens le portent ensuite à sa destination, pendant que le prêtre continue ses prières : on finit par un repas donné aux Lamas et aux personnes qui ont accompagné le corps du défunt, à côté duquel les gens riches déposent des joyaux, des vases d'or et d'argent, ainsi que des mets et des boissons. Un prêtre doit encore dire des messes pour le salut de l'âme du décédé, au moins

---

et leurs cendres recueillies et mises dans de petites statues de métal, qui ont une place assignée dans le palais des idoles.

M. Bogle donne aussi, dans sa relation, les détails des cérémonies observées aux funérailles d'un prêtre du Boutan, et celles pratiquées aux obsèques du principal Lama des Tatârs kalmouks : elles sont à-peu-près les mêmes, et sont une preuve de l'étonnante étendue de la religion du Tibet. — Ambassade au Tibet et au Boutan de S. Turner, T. 2, p. 9 et 95. — Voyages au Tibet du P. d'Andrada, de Bogle, Turner et Pourunguir, 1 vol. in-18, p. 119 et 158.

pendant les dix jours suivans, si toutefois sa pauvreté ne s'y oppose pas; mais, pour un riche, ces messes se disent pendant plusieurs mois de suite, même pendant une année entière : le prêtre habite alors la maison du mort, et il reçoit de l'argent, des étoffes, des vases ou autres objets, lorsque son service est terminé. En outre, le quarante-neuvième jour qui suit la cérémonie funèbre, et encore un an après, il doit être dit solennellement, dans la maison de deuil, une messe des morts par une nombreuse assemblée de prêtres; après cela, les parens sont libres de faire dire annuellement de pareilles messes s'ils le jugent à propos (1).

---

(1) On célèbre au Tibet une fête annuelle en l'honneur des morts. Le 29 octobre, M. Turner vit illuminer le haut de tous les temples et de toutes les maisons du monastère de *Tschou-Loumbou*, ainsi que celui des maisons isolées de la plaine et de tous les villages environnans. Le silence de la nuit était interrompu par les sons bas et profonds du gong, de la cymbale et de la trompette, par le bruit des cloches, le chant des hymnes

On observe, chez les habitans du Tibet, des jours de jeûne et de prières dans la première lune du printems (février), dans la première lune d'été (mai), et dans la première lune d'hiver (novembre). On fait, en février, pendant dix-sept ou dix-huit jours, en mai, pendant vingt jours, en novembre, tous les jours, et encore pendant deux jours de la lune suivante, des prières solennelles en pleine assemblée du clergé, et ces jours-là on s'abstient de manger de la viande. On a fixé en outre les jours consacrés plus particulièrement à des prières, au 9, 19 et 29 de chaque lune. A ces diverses

funéraires : tout contribuait à porter dans l'âme le sentiment d'un respect religieux. Indépendamment de ces marques solennelles de souvenir données aux morts, les Tibétains signalent leur fête par divers actes de bienfaisance dont ils croient que la circonstance augmente beaucoup le mérite. Chacun d'eux donne à manger aux pauvres, et distribue des aumônes autant que les lui permettent ses facultés. — Ambassade au Tibet et au Boutan de S. Turner. T. 2, p. 97, 98, 99.

époques il se rassemble, près de chaque temple, sous la présidence d'un *Zordchi*, mille, deux mille, et jusqu'à trois mille prêtres de toutes les classes et moines de tous les ordres. Les *Koutoukhtes* et le *Dalaï-Lama* ne sont pas dans l'habitude de se présenter eux-mêmes ces jours-là à l'assemblée. Le service est accompagné du bruit de tous les instrumens ecclésiastiques qui sont aussi en usage chez les *Mongols* et les *Kalmouks*, et qui, joints à la pompe des autres cérémonies, ont le plus contribué à faire des prosélytes à la croyance Tibétaine parmi les peuples bruts des environs.

Les prêtres sont seuls chargés du service du culte, et les laïques ne peuvent entrer dans le temple que pour adorer les idoles, et recevoir la bénédiction. A peine leur verse-t-on dans le creux de la main, pour une légère offrande en argent, quelques gouttes d'une eau consacrée par son effusion devant l'idole, mêlée avec des épiceries, et qu'ils boivent pour se sanctifier et se fortifier.

On célèbre encore par an, avec une pompe et une solennité particulières, quatre grands jours de fêtes : le premier ou le nouvel an (1) (*Tchipa-zetchi*), tombe, comme chez les Chinois, le premier février ou lune du printems, le second, le cinquième de la deuxième lune d'été ou juin, le troisième, le 16 de la troisième lune d'été, et le dernier, le 25 de la première lune d'hiver (novembre). Ces jours de fête, le

(1) Le premier jour de l'année tibétaine, tout le monde, excepté le Lama, s'assemble dans la grande cour du palais : toutes les galeries qui l'environnent sont garnies d'une foule de spectateurs. A la suite de danses exécutées par des masques, de processions accompagnées du bruit des instrumens, on allume un grand feu et on brûle, après plusieurs cérémonies assez bizarres, une figure d'homme tracée au crayon sur du papier. *Voyez* de plus grands détails dans les *Voyages au Tibet du P. d'Andrada, de Bogle, Turner et Pourunguir, p.* 141, 142, 143.

Dalaï-Lama est obligé d'officier lui-même, devant les idoles, et de donner la bénédiction ; mais toutes les autres fêtes il lui est absolument libre de se rendre ou non aux assemblées ecclésiastiques.

Ce n'est point ici le lieu de donner des renseignemens sur le culte des idoles ou la mythologie Lamique (1) :

---

(1) Dans une note sur la Religion du Japon, insérée dans le voyage de Thunberg, M. Langlès prouve que *Boud-ha*, *Boudsdo*, *Chaca* ou *Foé*, sont le même personnage, et il ajoute : « Sans vouloir nous engager dans » des discussions chronologiques, aussi incertaines que » superflues, nous nous croyons autorisés, d'après les » fragmens originaux, conservés dans plusieurs anciennes langues asiatiques, à retrouver le même législa- » teur dans le *Boutta* des anciens Gymnosophistes, le » *Sammana-Kantama* des Pégouans, le *Sammana-Coudom* » des Siamois, le *Foé* des Chinois, l'ancien *Boudso* ou » *Chaca* des Japonais, le *Vichnou* des Hindoux dans une » de ses incarnations, le *Lama* des Tibétains, le *Baouth* » des Chingulais, le *Thic-Ca* des Tunquinois, le *Thoth* » des Egyptiens, le *Boa* des Tunguses, le *Torus* des » Lapons, l'*Ouden* ou *Woden* des nations gothiques, » auquel le mercredi est encore consacré sous le nom de » *Woden-Tag*, Wednesday en anglais, (*Boud-Var* en

ils sont destinés à entrer dans la deuxième partie de mes *Recueils mongols*; mais je donnerai, pour l'amusement de mes lecteurs, une traduction des lettres d'indulgence du *Dalaï-Lama*, que j'ai découvertes dans la chancellerie des frontières *Sélenguinskiques*. Elles ont été données à l'occasion des circonstances suivantes.

Le *Dalaï-Lama* a coutume de délivrer, de son plein pouvoir, des commissions aux prêtres envoyés dans les hordes converties à la religion tibé-

---

» samskrit), *Mercurii dies*; Mercure, Hermès, Toth et » Boudh, n'étaient que le même personnage.

» La comparaison des livres ou des fragmens originaux » qui nous restent de ces différens Législatenrs, vient » encore à l'appui de l'identité que je veux établir, » et c'est au Tibet qu'il faut chercher le prototype original. Le Lama est le Souveraiu Pontife, le Père spirituel des Chinois, des Tatârs et de l'Asie septentrionale. C'est au temple de Lhassa que les Prêtres de ces » contrées vont étudier la théologie et le tibétain, qui » est la langue sacrée de ces différentes nations ou hordes tatâres. – Voyage de C. P. Thunberg, T. 3, p. 257-263. *Note de M. Langlès.*

taine, à l'effet de recueillir des dons pour son temple et son trésor. Ces commissions annoncent en même tems des indulgences. Celle que je donne ici était de cette espèce, imprimée avec beaucoup de magnificence en langue *chinoise*, *mantchoue* et *tangoute* (1), sur un morceau de satin jaune, de la dimension du grand papier royal. Elle était ornée en tête des portraits du *Dalaï-Lama* et de quelques idoles bienfaisantes, et au bas, en opposition, de ceux de plusieurs divinités malfaisantes. Cette commission était roulée sur un cylindre, et enfermée dans une boîte de la même forme destinée à la conserver. Un Lama Mongol se l'était procurée après la mort de celui auquel elle appartenait réellement. Il s'en était servi pour se donner de la considéra-

(1) Il paraît que ces trois langues sont en usage dans le Tibet et les contrées voisines. Il existe à la Bibliothèque impériale, un Dictionnaire mantchou, chinois et tibétain (ou tangout), gravé et imprimé à la Chine.

tion parmi les Mongols *Sélenguinskiques*, et pour faire des collectes, jusqu'à ce qu'il ait été actionné devant l'autorité Russe par le *Tchambo-Lama*, comme chef du clergé du pays, et privé de cette fausse commission : son contenu est digne de remarque. Voici la traduction littérale qui m'en a été faite du *Mantchou*.

« D'après les ordres du plus grand
» *Khouandée* (Empereur) des em-
» pires de *Syten*, *Dachan*, *Dshydipo*
» (ou *Sésépo*), *Chutonscha*, *Chidsou*,
» *Tjoukoun*, *Bichi*, *Dytchedjn ga'n*,
» *Dyke*, *Schansi* et *Dsyen*. Le présent
» est donné par *Outchir-Dara-Dalaï-*
» *Lama*, fortuné vicaire, sur cette
» terre, du grand Dieu saint, siégeant
» à sa droite (ouest), et réunissant à
» une seule doctrine tous les vrais
» croyans qui demeurent sous le
» ciel ».

(L. S.)

Ici est apposé le cachet (*Tamga*)

du *Khouandée*, comme permission pour la délivrance du passeport.

« Aux différens peuples épars sur » la terre, aux Mongols divisés en » quarante tribus, aux sept communes » de la *Khalkha*, aux quatre confédé- » rés (*OErot* ou *Kalmouks*), aux treize » gouvernemens de *Kara-Kitaï*; à tous » les très-honorables *Lamas*, *Khâns*, » *Oangs*, *Beis* et *Boilis*, *Ambanes*, » grands et petits commandans, *Sais-* » *sanes*, *Ssaites*, et à tout le peuple » demeurant autour du lac Bleu, *Kou-* » *kou-Nagour* », savoir, faisons :

« Notre *Chabinar* (clerc ou disciple) » nommé *Djhimba-Djalzan*, de la sou- » veraineté de *Djonia-arabdsamba*, » qui nous a déjà donné ci-devant des » preuves de son zèle sincère dans la » collecte de divers présens et offrandes » des bonnes âmes, pour le trésor du » temple *Veissan Dabée* (lieu pur cen- » tral), et de tous ses bâtimens acces- » soires, est derechef envoyé par nous

» dans lesdites contrées, pour recueil-
» lir de la même manière, des fidèles
» bien intentionnés, les dons qui doi-
» vent être employés au salut de leur
» âme ou de toutes les âmes. Si quel-
» qu'un sur sa demande est disposé par
» zèle à contribuer volontairement,
» l'autorisation lui est accordée par le
» présent, suivant sa religion et sa
» bonne volonté. Au surplus, non-seu-
» lement nul ne devra porter obstacle
» audit Lama, soit par larcin, vol,
» offenses, refus de nourriture ou de
» chevaux pour relayer, mais au con-
» traire, lui prêter de cœur et d'affec-
» tion, aide et assistance. Tout le bien
» qui se fait de cette manière, ainsi
» que tous les dons volontaires offerts
» dans la foi, tendront non-seulement à
» procurer un bonheur durable dans ce
» monde-ci, mais encore à atteindre le
» salut éternel. En foi de quoi le pré-
» sent acte a été donné dans notre grand
» château de résidence *Bou-dala*,

» l'année *Aerre-modonnokhoi* (année » des chiens de bois mâles, c'est-à-dire, » 1754), le premier bon jour du pre- » mier mois.

(L. S.)

» Cachet du *Dalaï-Lama*, habitant » heureusement à l'ouest du Dieu du » ciel, conservateur de la Vraie » Croyance, et élevé pardessus tout ».

Cette souscription était écrite en *Chinois*, en *Mantchou* et en *Tangout* (1).

---

(1) Le *Tibétain* ou *Tangout*, s'écrit horizontalement; le *Mantchou*, perpendiculairement, comme le *Chinois* et le *Mongol*, dont il dérive; ce dernier dérive lui-même de l'*Oigour*, ainsi que le prouve M. Langlès, p. 51, 55 et 56 de la troisième édition de son Alphabet mantchou. Ce savant a été assez heureux pour découvrir un Vocabulaire de la langue oïgour, qu'on croyait entièrement perdue : il en a fait graver des types pour l'imprimerie impériale.

RELATION ABRÉGÉE

Des fêtes et cérémonies qui ont eu lieu du 22 *juin au* 12 *juillet* 1729, *dans le bourg d'*Ourga, *sur le fleuve* Elbina, *à la publication de la renaissance du* Koutoukhta, *un des prêtres les plus distingués de la Mongolie* (1).

Le temple que l'on voit dans Ourga a........ toises de longueur sur 15 de largeur : son entrée est au midi. Le 22 juin, à la deuxième heure du jour, il fut décoré de la manière suivante. Vis-à-vis l'entrée, qui peut avoir une archine et demie de haut, on voyait la pierre sur laquelle était peinte l'idole

(1) Je fais imprimer cette notice, parce qu'elle se trouve en peu de mains, quoiqu'elle soit très remarquable. En 1738, on en a inséré une copie incomplète dans l'Almanach de Pétersbourg ; je l'ai rectifiée, et j'ai tâché de la rendre plus intelligible.

que l'on appelle Aujota, (*Ayoucha*) : elle était couverte de damas de différentes couleurs (*Ripkhadak*), et on avait mis devant elle du thé et des confitures. Les fauteuils placés aux deux côtés étaient ornés de morceaux d'or et d'argent, de pierreries, et autres choses précieuses ; des bancs posés en travers étaient destinés aux Lamas. Ici, se réunirent la *Koukenncina*, sœur du précédent *Koutoukhta*, les trois Khâns Mongols *Touchetou-Khân*, *Sassaktou-Khân*, et *Zezan-Khân*, un envoyé chinois décoré de cinq plumes de paon (sur le bouton du bonnet) : les généraux *Darkhantjin-Tchunvan*, père du jeune *Koutoukhta*, *Zezan-Van*, et beaucoup d'autres Mongols distingués ; le nombre des Lamas s'élevait au-delà de 26000, et celui du peuple, hommes, femmes et enfans, était de plus de 100,000. Une grande partie des Lamas, ainsi que le bas peuple, furent obligés de rester en dehors du temple, les uns faute de places, et les autres parce qu'il leur était défendu d'entrer. Deux cens bâtons de la longueur de deux toises, peints en différentes couleurs et ornés d'anneaux, de boutons et de figures d'animaux dorés, furent placés à droite et à gauche du temple à la distance d'une archine, et formèrent ainsi un chemin de la largeur de vingt toises. Deux cens tambours qui tenaient leurs caisses (1) et cymbales élevées au-dessus de leur tête, se placèrent sur deux rangs : ils étaient suivis par quatre trompettes (2) dont les instrumens de cuivre jaune avaient une toise et demie de longueur : venaient enfin quantité de Lamas richement vêtus et jouant

(1) Ces tambours sont en cuivre, garnis de peau, et tels que ceux que les Indous appellent *nows-bouts*.

(2) Il paraît que l'auteur de cette notice, qui nous est inconnu, a commis une erreur évidente dans l'indication du nombre.

du gong chinois (1) et du hautbois. Après cela, la *Koukenncina* était portée sur un siége par six Lamas magnifiquement habillés; les Khâns, les Vans et autres Mongols distingués suivaient également en habits de cérémonie. Le convoi se rendit en silence à la yourte du jeune *Koutoukhta*, éloignée d'une verste (2) du temple, et où demeurait son père *Darkhantchin - Tchunvan*. Après une heure d'attente, le jeune *Koutoukhta* fut conduit sous les bras par les Lamas les plus distingués, et se plaça sur l'un des trois chevaux baibrun qui l'attendaient, et qui étaient richement caparaçonnés. Un régénéré (*Khoubilgan*), cousin du grand *Van Lama Dounchin*, marchait à pied, et conduisait le cheval par la bride. Aussi-

(1) Le gong est un tambour chinois qui produit un son d'une force extraordinaire. C'est le même instrument que le *lo* ou *lou*.

(2) Le verste équivaut à un kilomètre un dixième, environ un quart de lieue de 25 au degré.)

tôt que chacun eut pris sa place hors de la yourte, les Lamas commencèrent à honorer le *Koutoukhta* comme un dieu, au bruit des timbales et chantant des hymnes en son honneur; pendant cette cérémonie les instrumens continuèrent à se faire entendre. Tous ceux qui étaient présens, grands ou petits, s'inclinèrent avec un grand respect jusqu'à terre (1) et levèrent les mains au ciel. Alors le convoi s'achemina très-lentement vers l'ancienne habitation du précédent *Koutoukhta*; on portait sur un siége, derrière son jeune successeur, *Koukenncina*, sœur de l'ancien *Koutoukhta*, considérée à présent comme sœur du nouveau. Le premier Lama *Noimon-Khân*, (peut-être *Nom-mien-Khân* [Prince de la Loi]), envoyé

---

(1) Cette manière de se prosterner, que l'on nomme *battre la tête*, est aussi en usage à la Chine et au Japon, et le peuple y salue ainsi les personnes auxquelles il veut témoigner un grand respect. — Voyage de Thunberg au Japon, T. 3, p. 74.

à cette cérémonie par le *Dalaï-Lama*, suivait accompagné de l'ambassadeur de la Chine et des Khâns, Vans et autres Mongols de distinction : le peuple qui grossissait le cortége était tellement nombreux et la foule si forte, que plusieurs personnes en furent les victimes. L'intérieur de la place que l'on avait formée devant le temple, contenait six yourtes ornées sur le sommet de boutons d'or massif, où étaient attachées de belles étoffes d'or et d'argent; on y voyait aussi quatre autres yourtes grossièrement faites : dans une des premières était placé un trône magnifique qui venait du vieux *Koutoukhta*, et il y en avait un semblable préparé pour lui dans le temple. Dès que le cortége arriva sur cette place, on fit un profond silence : les Khâns les plus distingués descendirent le jeune *Koutoukhta* de cheval, avec beaucoup de vénération, et l'accompagnèrent du côté du midi jusque dans sa yourte.

Après y être demeuré environ une demi-heure comme pour visiter son ancienne habitation, il en sortit et se rendit à pied au grand temple, où il fut conduit sous les bras par les principaux Lamas, et accompagné par sa sœur *Koukenncina*, le Gentilhomme envoyé par le Bogdo-Khân chinois et les autres personnes de marque. Le *Noimon-Khân*, délégué par le *Dalaï-Lama*, avec l'aide d'autres régénérés, le plaça sur le trône en signe de régénération, de manière qu'il eut la figure tournée vers le peuple; l'envoyé chinois publia alors à haute voix de la part du *Bogdo-Lama* l'ordre d'honorer et d'adorer le *Koutoukhta* comme un dieu; ce que les personnes présentes exécutèrent aussitôt, sans distinction de rang, en se prosternant trois fois jusqu'à terre. Immédiatement après, on apporta une grande quantité de petites sonnettes de même grandeur, dont les Lamas font usage dans l'exercice de leur culte, et on les posa sur la table devant le *Koutoukhta*. On avait eu soin de retenir celle dont il se servait avant sa régénération, parce que le peuple est convaincu qu'il est véritablement régénéré, s'il s'aperçoit de l'absence de sa sonnette. Le jeune *Koutoukhta*, après avoir fixé les sonnettes placées devant lui, dit au Lama le plus voisin : « Pourquoi n'avez-vous pas » aussi apporté la sonnette dont j'avais » coutume de me servir ». Quand les *Khâns*, les *Vans*, les *Lamas*, les autres assistans de distinction, et enfin tout le peuple entendirent ces mots, ils s'écrièrent unanimement : « Tu es » véritablement Dieu et notre vieux » *Koutoukhta* ». S'inclinant alors tous jusqu'à terre, ils l'adorèrent avec une grande ferveur.

La vieille sœur s'approcha ensuite la première pour recevoir la bénédiction que le *Koutoukhta* lui donna par l'imposition des mains, ainsi qu'aux

Khâns, Vans et autres assistans distingués. Les personnes de marque se rendirent alors dans l'habitation du précédent Koutoukhta ; elles y furent traitées avec des confitures et s'y livrèrent à la joie ; mais le *Koutoukhta* fut obligé de rester jusqu'au soir dans le temple, afin que les autres assistans pussent recevoir également sa bénédiction : pendant tout ce tems la musique ne cessa pas de se faire entendre. Les principaux lamas le conduisirent ensuite à l'habitation où il devait passer la nuit : ses hôtes étaient déjà retirés chacun chez eux.

Le 2[illegible] juin, à la première heure du jour, l'envoyé chinois et tous les grands se rendrent au temple, autour duquel le peuple était déjà rassemblé. Le *Koutoukhta*, conduit sous les bras depuis son habitation, fut placé sur le trône après avoir été adoré par tous les Khâns qui étaient allés à sa rencontre jusqu'à l'entrée du temple. Sur la demande du déléguéChinois, lesLamas entonnèrent un hymne pour la prospérité et le bonheur du règne de sa majesté *Bogdo-Khanique ;* il dura près d'une heure et demie : après quoi cet envoyéoffrit les présens qu'il avait apportés, et qui consistaient, 1°. en une assiette de présentation d'or massif qui pesait près de 300 lans (chacun à 8 dragmes et et demie) dans l'intérieur de laquelle huit pierres précieuses étaient incrustées : 2°. en mille lans d'argent, quatre-vingt une pièces d'étoffes d'or et d'argent, dont chacune avait coûté 300 lans, et en beaucoup d'autres choses d'un grand prix ; il offrit en outre des confitures sur huit plats d'argent et quelques plats d'or, adora le *Koutouchta* comme un dieu, avec le plus profond respect, le complimenta au nom de sa majesté *Bogdo - Khanique*, demanda sa bénédiction au nom de son Empereur, et termina ainsi son discours :

« Grand Dieu, toi qui es aussi in-
» corruptible, que l'or qui ne se cor-
» rompt jamais! toi qui brilles d'au-
» tant d'éclat que les pierres précieuses!
» ô grand Dieu! sois aussi propice et
» favorable à notre Empire pendant
» mon règne, que tu l'as été sous celui
» de mon père ».

Après ce discours, le *Koutoukhta* accepta les présens qui lui étoient offerts, et le *Bogdo-Lama* reçut par procuration la bénédiction qui fut donnée à son ambassadeur par l'imposition des mains. Le *Koutoukhta* la donna ensuite aux Lamas et aux gens du commun, qui s'approchèrent saisis d'une crainte respectueuse. Ils regardèrent comme le plus grand bonheur, l'avantage de recevoir cette bénédiction immédiatement de la main de Dieu.

Après-midi, on dressa à une demi-verste du temple, vers les quatre régions, quatre grandes tentes, derrière lesquelles on en plaça autant de petites.

E

On avait laissé au milieu une vaste enceinte destinée pour les lutteurs. Après avoir servi à tous les Grands des confitures de différentes espèces, on fit entrer de l'est et de l'ouest dans l'arêne, les lutteurs qui combattirent les uns contre les autres. Ils étaient au nombre de deux cent soixante-huit, dont une partie appartenait au *Touchetou-Khân*, au *Zezen-Van* et au *Dourkhan-Van*, et l'autre au *Sassaktou-Khân*, au *Tchoun-Van* et à *Batour-Beléef*. De ces lutteurs partagés en deux bandes, trente-cinq restèrent vainqueurs ; les autres furent bafoués et honnis.

Le 24, tous les *Khâns*, *Vans* et *Mongols* distingués, se rendirent encore au temple, où le *Dorgantchin-Tchunvan*, père du *Koutoukhta*, fit chanter une hymne en l'honneur de son fils qui n'y assistait pas : il était dans son habitation remplie de Lamas, occupé à donner au peuple sa bénédiction. Le *Kou-*

toukhta ne parut plus à aucune des cérémonies religieuses qui eurent lieu dans l'église ; mais elles furent continuées par les Lamas sur la demande de chacun.

Le 25, *Sassaktou-Khân* et *Zezen-Van*, le 26, *Zezen-Khân* avec les siens, firent chanter des hymnes de louange et de reconnaissance en l'honneur du *Koutoukhta*. Ensuite chacun d'eux suivit l'exemple que *Touchetou-Khân* avait donné dans la yourte, et offrit des présens, qui consistaient en vases d'or et d'argent, en damas, étoffes de soie, thés, et autres choses précieuses. Les principaux chefs présentèrent aussi de riches présens au *Koutoukhta*. Il en fut de même du peuple, et même de quelques négocians chinois, qui se trouvaient à la fête, et qui laissèrent plus de 400 ballots de thé et 150 pièces de damas. Une homme d'une condition ordinaire avait amené 300 chevaux de monture, dont il fit également présent. Les offrandes, en or, en argent, en pierreries et autres choses précieuses, furent réunies au trésor du *Koutoukhta*. Le surplus fut partagé entre les Lamas par portions égales, avec la plus scrupuleuse exactitude.

La journée du 27 fut encore consacrée à la lutte. Le tems étant très-chaud, et la poussière fort incommode, les princes les plus distingués avaient priés les Lamas de faire pleuvoir : au bout d'une demi-heure, il tomba effectivement une petite pluie, que les gens superstitieux attribuèrent à l'intercession des Lamas, quoiqu'elle fût immédiatement suivie d'une chaleur excessive.

Les luttes eurent lieu tous les jours depuis le 28 juin jusqu'au 2 juillet.

Le 3 juillet, tous les grands et une partie du peuple, se rendirent à cheval à *Orchon-Rouka*, situé à 50 verstes d'Ourga, pour assister à des courses de chevaux, ainsi qu'aux luttes qui devaient avoir lieu entre les trente-cinq vainqueurs dont nous avons déjà parlé. Pendant ce tems il ne se passa rien de remarquable dans Ourga.

Le 5 juillet, on lâcha 1110 chevaux. 100 seulement arrivèrent au but, qui était fixé à 18 verstes. Ils reçurent des noms distingués, des présens, en raison de leur vitesse respective, et on accorda aussi certains priviléges qui devaient rejaillir sur les propriétaires de ces chevaux.

Le 6 juillet, de 1627 chevaux de six ans, 100 atteignirent également le but éloigné de dix verstes; ils reçurent aussi des présens.

Le 7 juillet, on donna des prix aux 100 chevaux qui arrivèrent les premiers au but fixé à 12 verstes de distance. Cette course était composée de 995 chevaux, tous de l'âge de quatre ans. Les 3732 chevaux qui avaient courus, étaient tirés de tous les *Ouloussès* (1) (villages mongols), des Grands et du peuple.

Les 35 lutteurs fournis par le *Touchetou-Khân*, et par le *Sassaktou-Khân*, furent ensuite remis dans l'arêne, et après plusieurs luttes il resta de chaque côté sept vainqueurs qui furent ramenés à Ourga.

On établit en outre un tir pour le jeu d'arc. Trois cent deux personnes y prirent part, et à une distance de 15 toises, elles dûrent placer quatre ou au moins trois flèches dans un morceau de peau de mouton. Celles qui ne remplirent point cette condition, servirent de risée, et ne furent plus admises à concourir pour les prix gagnés par 35 tireurs. On reconduisit les vainqueurs à Ourga.

---

(1) Ce mot désigne les villages ambulans des hordes mongoles. Il est fréquemment employé dans les institutes de Tamerlan, écrits par ce conquérant lui-même.

Le 8, le jeu d'arc fut continué, et le 9, les 35 tireurs choisis, s'exercèrent avant midi sur la grande place où on avait lutté précédemment.

Après-midi on dressa auprès de l'habitation du *Koutoukhta* une yourte magnifiquement ornée; on plaça vis-à-vis l'entrée une idole, et tout à côté on prépara un trône pour le *Koutoukhta*, et une place particulière pour sa sœur. Les quatre tentes dressées auprès, étaient destinées aux Khâns, aux Vans, aux Grands et aux Lamas dans l'ordre suivant : Les trois *Khoubilgans*, ou Lamas régénérés, avaient sept siéges, les Lamas distingués cinq, les Khâns trois, les Vans deux, et les autres personnes chacun un.

Les principaux Lamas se rendirent dans les deux premières tentes, et les Khâns dans les deux autres. Le *Koutoukhta*, accompagné des principaux Lamas, fut ensuite conduit hors de son habitation : on portait devant lui différentes figures, ainsi qu'un encensoir en argent, dans lequel brûlaient des herbes odoriférantes. Après avoir été adoré comme un Dieu par tous les Khâns et par le peuple, le *Koutoukhta* se plaça sur son trône; sa sœur, portée par six Lamas, à cause de son grand âge, prit la place qui lui était destinée. Un Lama était à genoux devant chacune de ces deux personnes : les autres entouraient la yourte.

On apporta du thé bouilli dans une grande quantité de vases d'argent; on en présenta d'abord une tasse au *Koutoukhta* et à sa sœur; il la rendit après avoir goûté ce qu'elle contenait. On en versa alors dans chaque theière. Les régénérés et les Lamas distingués obtinrent les premiers la faveur de boire de ce thé : elle fut ensuite accordée aux Khâns et aux autres personnes de marque. Celui qui n'avait pas de tasse, s'en faisait verser un peu dans le creux de la main, afin de pouvoir au moins goûter cette boisson divine qui était présentée de la bouche même du *Koutoukhta*. Les quatorze lutteurs, qui avaient été ramenés à Ourga, reparurent sur deux rangs, et joutèrent ensemble devant la yourte du *Koutoukhta*, depuis la dixième heure du jour jusqu'à la première heure de la nuit. Celui d'entre eux qui resta vainqueur était le sujet de *Zezen-Khân*; il obtint le nom honorifique de *Babai-Jike-Sang* (le ferme grand éléphant). Le *Koutoukhta* fut reconduit dans sa cabane ordinaire avec le même cortége qui l'avait accompagné le matin.

Le 10 juillet, le *Touchetou-Khân* donna dans sa tente un repas à toutes les personnes de distinction, et aux Lamas qui étoient présens. On choisit ensuite entre cent fois cent hommes, un de chaque cent pour tirer au prix, et on fit de riches présens aux dix qui tirèrent le plus loin.

Le 11, depuis cinq heures du matin jusqu'au soir, tous les Khâns, Vans, et autres personnes d'un rang élevé, restèrent assemblés dans l'habitation du *Koutoukhta*, pour donner aux tireurs et aux lutteurs de nouveaux noms, dont la gloire devoit rejaillir sur leurs descendans. Le plus fort lutteur, qui avoit été d'abord honoré de celui de *ferme grand éléphant*, fut alors nommé *Lion habituel* : les trente-quatre autres reçurent, suivant l'ordre, des noms d'oiseaux et d'animaux; le meilleur tireur celui de *fort et vaillant tireur* : ses camarades en obtinrent d'autres. Le vainqueur qui recevoit un de ces noms se prosternoit long-tems devant le Koutoukhta, et s'inclinoit ensuite trois fois jusqu'à terre devant les Khâns et les Vans. On lui donnoit un morceau d'étoffe blanche, et il étoit conduit par le *Sassoul* ou sous-commandant, autour de l'habitation du *Koutoukhta*; on faisait connaître au peuple ses rares qualités. Le plus fort lutteur reçut une canne, une cuirasse, quinze bêtes à cornes, quinze chevaux, cent brebis, un chameau, cent petits paquets de thé, quelques pièces de damas, des peaux de loutres, de renards rouges, et d'autres présens. Les tireurs furent récompensés comme les lutteurs, et le dernier de chaque bande obtint pour prix une bête à corne et deux moutons.

Le 12 juillet, tous les Khâns, Vans, et les autres personnes de distiuction, étant retournés chacun chez eux, le peuple se retira, et la fête fut terminée.

Description géographique du cours du fleuve Anadyr et des ruisseaux qui s'y jettent.

Je dois d'abord observer que des opérations géodésiques n'ont pas encore pu être faites dans toutes ces contrées; les distances indiquées données par des personnes connoissant très-bien le pays, sont calculées sur le nombre de journées, avec des chiens ou des rennes. L'une dans l'autre, la journée peut être évaluée à trente verstes, parce qu'on suppose des marches commodes.

L'*Anadyr* prend sa source au nord, dans un lac situé au pied des montagnes. Le premier ruisseau qui s'y jette, à droite, est l'*Yablonna*, auquel les Russes ont donné ce nom, parce qu'il côtoie une chaîne de montagnes (*Jablonnoi-Chrebet*), qui forme le point de séparation des eaux, entre l'*Anadyr* et celles qui coulent vers la mer Glaciale : ces montagnes sont une continuation des montagnes *Dauriques*.

L'*Yablonna* reçoit, à deux journées de sa source, sur la gauche, le petit ruisseau *Chalamicha*, et à une journée plus loin, sur la droite, le ruisseau *Tcherpana*, d'où on compte encore une journée jusqu'à l'embouchure de l'*Yablonna*. Il coule à travers de hautes montagnes et des rochers qui étoient autrefois habités par des *Youkaguirs*. On ne rencontre d'autres bois que de faibles saules et des peupliers.

Une journée au-dessous de l'*Yablonna*, sont situées sur les bords de l'*Anadyr*, les montagnes connues par les Cosaques sous le nom de *Tcherkanoi-Kamen*. Une journée et demie plus loin, le ruisseau *Pélidon* se jette dans l'*Anadyr*. Il a sa source à droite dans les montagnes, ainsi que le ruisseau *Guérapol*, que le fleuve reçoit à une journée plus bas, et dont les sources sont ombragées par quelques mélèses.

Les montagnes de *Guérapol* sont situées à une demi-journée du ruisseau sur la même rive de l'*Anadyr*, et celles de *Karaulnoï-Kamen* en sont séparées par une vallée de la largeur de quinze verstes.

De ces dernières montagnes, jusqu'au ruisseau *Travanikha*, qui se jette dans le fleuve du côté droit, on compte deux journées avec des chiens. Ce ruisseau prend sa source non loin de là dans les montagnes.

Quinze verstes au-dessous de la *Travanikha*, se trouve à la droite du fleuve, l'angle de rochers, appelé *Tolstoï-mouis*, et dix verstes plus loin, sur la gauche, sont les montagnes de *Kamm-Grében-Kamen*), d'où l'*Anadyr* se dirige vers l'ouest.

Trente-cinq verstes plus bas, le ruisseau *Aloutchina* descend des montagnes pour se jeter dans le fleuve, sur la gauche: on compte une journée de son embouchure à *Anadyrskoi-ostrog.*

Ce bourg a été bâti sur une île avec du bois de peupliers. Le fort avait quatre tours aux angles et une au-dessus de la porte. On voyait en dehors l'église, et 130 maisons qui servaient d'habitations aux soldats, aux Cosaques et autres employés de la couronne. L'île sur laquelle *Anadyrsk* étoit situé, a 2 verstes de long et une de large. Ce lieu, établi au milieu de peuplades indépendantes, rapportait peu, et était, au contraire, très-onéreux à la couronne, à raison de la cherté du transport des vivres et des munitions, qui étoient tirés d'*Okhotzk*, et amenés sur traîneaux conduits par des chiens; cependant les habitans souffroient souvent de la famine. D'après toutes ces considérations, et sur la proposition du colonel *Plenisner*, commandant d'*Okhotzk* et du *Kamtchatka*, la Couronne ordonna de retirer la garnison d'*Anadyrsk*, de brûler le fort et les habitations, et de céder le pays aux hordes tributaires des *Korakiques*; pour conserver la communication avec le *Kamtchatka*, on établit la forteresse d'*Ichiguinskoi*.

Une journée au-dessous d'*Anadyrsk*, le *Prikolova-Viska* se jette dans le fleuve, à sa gauche. Les Russes de ces contrées appellent *Viska* le canal de décharge d'un lac. Cette première *Viska* vient de celui qui est à une demi-journée, et qui n'a que quelques verstes de circonférence. L'*Anadyr* commence ici à se diriger vers le nord.

A vingt-cinq verstes de la *Prikolova*, il reçoit un canal du fleuve *Main*, sous le nom de *Prorva-Protocha* (fossé de débordement). A une demi-journée plus loin, sur la gauche, on trouve la *Choutchja-Viska*, qui sort d'un lac éloigné de cinq verstes ; il en a six de circonférence.

A une journée plus loin, on rencontre, sur la droite, la *Krouglina-Viska*, qui prend sa source dans un lac distant de quatre verstes, et d'une circonférence de deux.

La *Igolkina-Viska* sort du même côté, et à deux journées plus bas, d'un lac éloigné de quatre verstes ; il en a une et demie de long sur 400 toises de largeur.

On rencontre encore, à onze verstes plus loin, sur la gauche, le ruisseau *Ouboinaja*, dont la source est dans les montagnes, à une distance de plus de trois journées. Viennent ensuite, sur la droite :

1°. *Pavlova-Viska*, à une demi-journée de la *Ouboina*, descend d'un lac distant de cinq verstes, qui en a autant de circonférence.

2°. *Volokitina-Viska* sort d'un autre lac, à trois verstes plus bas.

3°. *Ioukaguirskaja-Viska* prend naissance cinq verstes plus loin, dans un lac éloigné de six verstes, dont les bords étaient habités jadis par des *Ioukaguirs*, qui ont été détruits par les *Tchouktches*.

Le fleuve *Main*, qui vient du sud des montagnes dites *des Moutons* (*Baranin-Chrébet*), se jette dans l'*Anadyr*, à dix verstes de la *Ioukaguirskaja*, et reçoit les ruisseaux suivans :

Kosmina, à droite, à une journée de la source du *Main*.

Bolschaja-Kosmina (la plus grande) sur la droite à une journée et demie, et à deux des montagnes.

Tchernaja, sort à gauche, une journée plus bas, des montagnes dont la distance peut être évaluée à cent vingt verstes.

Seguerskaja, à droite, à une journée de la *Tchernaja*.

Orlova, à gauche, soixante verstes

plus loin, vient des montagnes éloignées d'une journée et demie.

Prorva-Protoka, canal de dérivation dont nous avons déjà parlé, qui se jette du *Main* à la gauche de l'*Anadyr*, commence au-dessous d'Orlova, à une journée, et se prolonge pendant trois.

Vakornaja-Viska, à cent quatre-vingt verstes sur la gauche, n'est éloignée que d'une journée de l'embouchure du *Main*.

Environ dix verstes au-dessous du *Main*, l'*Anadyr* reçoit à droite, et à deux journées de sa source dans les montagnes, le ruisseau des Souris (*Moutchja-Retchka*).

D'*Anadyrskoi-ostrog*, jusqu'à *Radionova*, *Ourotchistché*, situé à trois cents verstes plus bas, le fleuve se dirige du nord-est à l'est. Deux verstes au-dessus de *Radionova*, il reçoit la rivière de *Bjela*, qui coule du nord-ouest au sud-est. De *Radionova* jusque dans la contrée (*Ourotstché*) de *Tchekaeva*, l'*Anadyr* se dirige, pendant quatre-vingt verstes, vers le sud-est vis-à-vis *Tchekaeva*. La rivière de *Tcherna*, qui vient du nord-nord-ouest, s'y jette à sa gauche. Ensuite l'*Anadyr* parcourt trente verstes vers le sud-est, jusqu'à la triple embouchure de la rivière de *Krasna* (rouge), qui se trouve sur sa gauche, et commence son cours à *Kopeikina*, distant de soixante verstes vers le nord-nord-est.

De *Kopeikina* jusqu'au golphe *Onémenskigue*, on compte vingt verstes, que le fleuve parcourt vers le sud-est, ayant sa profondeur principale le long de la rive droite.

Dès qu'on arrive dans le golphe, le chenal est d'abord de quatre cents brasses courant directement vers l'est; ensuite de huit verstes vers le nord. On se dirige après, droit au sud-est à travers la baye, et en sortant dans la grande baye, on doit se tenir près de la terre sur la droite. Dans les eaux basses, la plus grande profondeur du golphe *Onémenskigue* est de quatre à six brasses. Le fleuve *Onémen* se jette dans la pointe du sud de la baye, et le *Nerpetchja* dans celle du nord.

Le canal qui conduit au grand golphe peut avoir six à sept verstes de largeur, et n'en a pas plus de cinq de longueur.

Par la grande baye, on se dirige vers l'est, et la distance jusqu'à la *Rouskaja-kochka*, l'extrême pointe de terre, est de cinquante verstes avec sept à dix brasses d'eau.

L'*Anadyr* coule presque toujours sur un fond de sable, et son cours n'est pas rapide; son lit est très-large, embarrassé par beaucoup d'îles, et il a si peu de profondeur, que les bateaux (*Chitiki*) dont on se sert, ont de la peine à passer partout: ils sont cousus ou faits sans fer, et ne prennent que deux pieds d'eau. Lors de la débacle des glaces, le fleuve devient très-profond depuis l'embouchure du *Krasnaya* jusque dans le golphe.

De la source de l'*Anadyr* au ruisseau de l'*Yablonna*, il n'existe point de bois, mais des montagnes nues. Au-dessous de l'*Yablonna* on rencontre par intervalles des saules et des peupliers ; et sur la rive gauche les montagnes présentent jusqu'à 100 verstes environ au-delà d'*Anadyrskoi*, quelques petites forêts de mélèses et des arbres rampans (*Slanez*).

Toute la partie du nord jusqu'à l'*Anadyr* est peu boisée ; on y trouve à peine des broussailles de saules, tandis qu'au sud du fleuve et à peu de distance, principalement autour des sources du *Main*, de la *Penjina* et de l'*Aklan*, il y a beaucoup de futaies. Depuis l'*Anadyr* jusqu'au *Koryma* et à la mer glaciale, et dans tout le pays des *Tchouktches*, on ne trouve plus de forêts : on assure même que chez ces derniers, les broussailles de saules s'élèvent à peine au-dessus d'une palme, comme dans toute la partie qui est le long de la côte nord de la Sibérie ; mais les plaines sont abondamment couvertes de mousse blanche et jaune, dont se nourrissent des troupeaux innombrables de rennes.

Dans les mois de mai et de juin, aussitôt que l'*Anadyr* est dégagé de ses glaces, ces animaux, afin d'éviter les insultes, ont l'habitude de quitter les pays de bois où ils ont passé l'hiver, et qui leur semblent trop chauds, pour se diriger par milliers au nord, vers la mer glaciale, et se rendre à la nage dans les montagnes froides et non boisées. Au mois d'août et au commencement de septembre, ils retournent dans leurs forêts pour poser leur nouveau bois. Les habitans profitent de cette migration pour s'approvisionner d'une grande quantité de rennes. A cette époque ils évitent avec soin de faire du feu et du bruit dans les contrées par lesquelles les troupeaux de rennes ont coutume de se diriger, et ils en remarquent très-attentivement les premiers avant-coureurs.

Les chasseurs se rassemblent dans des barques, et au moment où ces animaux traversent la rivière, ils font force de rames pour se mêler parmi eux, et en tuent à coups de lances autant qu'ils peuvent : cette chasse produit quelquefois des milliers de pièces.

Pendant les trois premiers jours du passage de ces troupeaux, qui se succèdent rapidement, les rennes sont si pressés les uns contre les autres, qu'ils ne peuvent se sauver ; mais au bout de ces trois jours au plus, le passage est entièrement fini, et on voit à peine quelques animaux isolés qui suivent les troupeaux.

Dans cette chasse on tue principalement les femelles (*Vajenki*) qui échappent difficilement, à cause de leurs petits, tandis que les mâles sont toujours en avant et s'éloignent les premiers.

Dans cette contrée de l'est, les rennes sont généralement plus petits qu'en Sibérie ; le plus fort mâle ne pèse pas au-delà de quatre pouds, et une femelle pas au-delà de deux et demi. La viande que l'on sèche pour servir de provision, est conservée dans des paquets (*Vaska*), composés chacun de deux bêtes, et chaque paquet pèse entre un et demi et deux pouds.

FIN.

DE L'IMPRIMERIE DE BOSSANGE, MASSON ET BESSON.

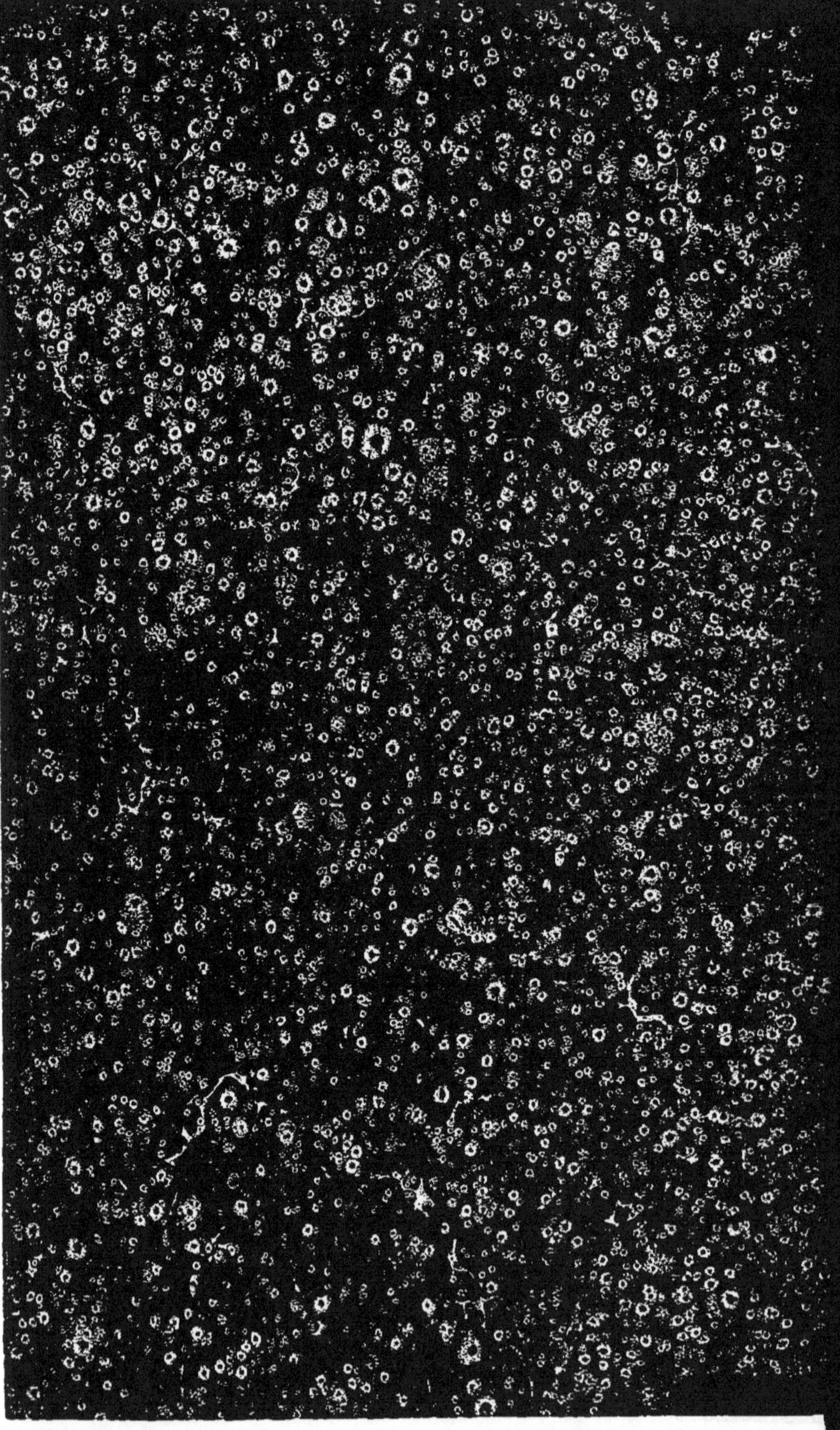

www.ingramcontent.com/pod-product-compliance
Lightning Source LLC
LaVergne TN
LVHW021718230826
846091LV00003BA/955

* 9 7 8 2 0 1 3 3 7 3 5 9 3 *